미셸 푸코의 『안전, 영토, 인구』 읽기

세창명저산책_011

미셸 푸코의 『안전, 영토, 인구』 읽기

초판 1쇄 인쇄 2013년 6월 3일
초판 1쇄 발행 2013년 6월 10일

-

지은이 강미라
펴낸이 이방원
기획위원 원당희
편집 안효희·김명희·조환열·강윤경
디자인 손경화·박선옥
마케팅 최성수

-

펴낸곳 세창미디어
출판신고 2013년 1월 4일 제312-2013-000002호
주소 120-050 서울시 서대문구 경기대로 88 냉천빌딩 4층
전화 02-723-8660
팩스 02-720-4579
이메일 sc1992@empal.com
홈페이지 http://www.sechangpub.co.kr/

-

ISBN 978-89-5586-179-2 03100

ⓒ 강미라, 2013

이 도서의 국립중앙도서관 출판시도서목록(CIP)은 서지정보유통지원시스템 홈페이지(http://seoji.nl.go.kr)와 국가자료공동목록시스템(http://www.nl.go.kr/kolisnet)에서 이용하실 수 있습니다.
CIP제어번호: CIP2013007209

세창명저산책_011

강미라 지음

미셸 푸코의 『안전, 영토, 인구』 읽기

세창미디어

머리말

미셸 푸코Michel Foucault는 1971년부터 사망한 해인 1984년까지 콜레주드프랑스에서 강의를 했다. 해당 연도별, 강의록은 그의 사후에 출판되었는데, 『안전, 영토, 인구』는 1978년 1월부터 4월까지의 강의록이다. 그의 강의는 매우 인기가 있어, 그는 많은 청중들과 녹음기에 둘러싸여 강의를 했다고 한다. 푸코 자신이 쓴 강의록과 강의 녹음을 편집한 것이 『안전, 영토, 인구』이다.

강의록이기 때문에 『안전, 영토, 인구』는 강의 순으로 편집되어 있다. 강의에서 푸코는 같은 내용을 다른 예를 들면서 반복하여 설명한다. 따라서 이 저서는 푸코의 다른 저서에 비하면 이해하기가 어렵지 않은 편이다. 그렇지만 강의이기 때문에 읽기 어려운 점도 있는데, 이 강의가 전후 강의의 연속이면서도 또한 단절하고 돌출하는 문제의식을 보이기도 하기 때문이다. 게다가 강의 중에서도 그 자신이 당혹

감을 토로할 정도로 주제가 바뀌기도 한다. 그렇기 때문에 강의의 전반적인 맥락을 짚어야 『안전, 영토, 인구』를 이해하기가 수월하다.

그러자면 먼저 강의가 이루어진 1978년 이전 그가 관심을 두었던 것은 무엇인지부터 알아보아야 한다. 이를 위해, 푸코의 저서 목록을 간단히 살펴보자. 푸코 자신도 명시하다시피, 그의 사유는 시기별로 초·중·후기로 구분할 수 있다. 초기는 고고학이라 명명된 방법론을 쓴 시기로서 지식을 축으로 하여 주체가 만들어지는 방식을 탐구한 시기이다. 여기에 해당하는 그의 저서로는 『말과 사물』1966, 『지식의 고고학』1969 등이 있다. 중기는 계보학의 방법론을 쓴 시기로서 권력을 축으로 한 시기이다. 이 시기의 대표적인 저서로는 『감시와 처벌』1971, 『성의 역사 1』1976을 꼽을 수 있다. 이후 후기 저서로 분류될 수 있는 『성의 역사 2』1984와 『성의 역사 3』1984을 발표하기 전까지 푸코는 콜레주드프랑스에서 꾸준히 강의를 했는데, 『안전, 영토, 인구』를 강의하기 전해에는 『사회를 보호해야 한다』를 강의했고, 1978~1979년에는 『생명관리정치의 탄생』을 강의했다.

요컨대 『안전, 영토, 인구』는 『성의 역사 1』과 『사회를 보호해야 한다』를 잇는다. 주제 또한 연속성이 있다. 이 세 저서는 모두 권력을 다룬다는 점에서 『감시와 처벌』과 비교할 수 있다. 여기서 중요한 점은 저 세 저서에서 연구되는 권력의 개념이 『감시와 처벌』에서 연구되는 권력의 개념과 다소간의 차이가 있다는 것이다.

권력에 초점을 맞추어 말하자면, 『감시와 처벌』에서 푸코가 중점을 두는 것은 '규율discipline'이라는 권력의 기술이다. 규율은 무엇보다도 인간의 신체에 작용하는 권력의 기술이다. 신체를 보다 고분고분하고 유용하고 무엇이든 긍정적인 결과를 낼 수 있는 신체로 만드는 기술. 이는 왕정 시대에 인간의 신체를 고문하거나 감금함으로써 힘을 빼앗고 유약하게 만드는 권력과는 대비된다. 절대왕정을 루이 14세가 군림하던 18세기 초까지로 보는 것이 일반적이지만, 푸코는 규율 테크놀로지가 이미 17, 18세기에 걸쳐 다양한 사회의 분야에 형성되기 시작했다고 파악한다. 즉 17, 18세기는 절대왕정 아래에서 새롭고 근대적인 권력이 싹트기 시작한 시대로 보아야 한다.

　어쨌든 규율 테크놀로지는 강제적이라든가 폭압적인 방식으로 작동하지 않는다. 규율은 신체와 힘을 분해해서 가장 효율적이 되도록 시간과 공간에 배치하는 기술이다. 이를테면 먹고 싶을 때 먹고, 자고 싶을 때 자던 어린아이가 유치원에 가게 되면서 놀이 시간에 놀고 점심시간에 먹고 낮잠 시간에 잠을 자며, 교실, 강당, 놀이터에서 허용되고 금지되는 일을 구분하여 활동하게 되는 것을 떠올려 보자. 이는 지속적인 실천을 통한 규율화이다. 언제까지나 엄마 품의 아이로 남는 것이 아닌 결국 사회에 나아가야 할 한 존재에게 있어 이러한 훈련은 불가피하다. 푸코에 따르면 이러한 과정이 두 세기 정도 유럽에서 모든 개인에게 행해졌고, 이를 규율화라 부른다. 이러한 규율화의 결과는 무엇인가? 아기는 학교에 다닐 수 있는 학생이 되고, 유럽인은 중세 백성에서 근대적 주체, 즉 근대와 함께 탄생한 유무형의 제도의 주체가 되었다. 노동자, 소비자, 환자, 재소자, 시민 등으로 말이다.

　규율권력이 강압적인 방식으로 행사된 것은 아니라 해도, 그것은 감시하고 통제하는 권력이다. 규율권력의 이상은 다수의 개인들을 시공간 속에 엄격하게 위치 짓는 것이다. 이런 의미에서 푸코는 규율권력을 '해부 정치'라고도 부른다. 다시 한 번 강조하자면 규율권력 또는 해부 정치는 신체를 대상으로 한다. 규율권력이 생산하는 것은 '온순한 신체'이다. 이는 자연적인 또는 생리적인 신체를 재료로 하여 특수하고 구체적인 사회적 맥락에 적합한, 유용한 신체로 만드는 것을 의미한다.

그런데 규율권력-신체의 문제 설정은 푸코의 경우 『성의 역사 1』에서 바뀐다. 그의 관심사는 이제 생명관리권력bio-pouvoir과 인구이다. 책의 제목이 암시하듯이(이 책의 제목은 *La volonté de savoir-histoire de la sexualité 1*로 직역하면 『앎에의 의지-성의 역사 1』이다.) 이 책에서 푸코는 성과 관련된 담론들과 그것을 낳는 의지 및 담론을 옹호하는 전략적 의도가 무엇인지 밝히고자 했다. 성의 담론은 성에 대한 지식, 권력과 얽히고설켜 '성 장치'를 형성한다. 이 성 장치는 규율제도, 정치적 관행, 경제적 영역 등과 함께 19세기에 이르러 생명관리권력을 이룬다. 이제 권력은 마음대로 죽이거나 살리는 군주의 권력과는 달리 생명, 삶을 조직하려고 한다. 생명관리권력은 삶의 문제, 즉 출생률, 장수, 공중보건, 주거, 이주 등의 문제들을 제기하고 해결하는 권력이다. 생명관리권력이라는 면에서 인간은 개별적 신체로서가 아니라 종 전체의 수준에서 고려된다. 이제 인구라는, 권력의 전대미문의 대상이 출현한 것이다.

생명관리권력 및 인구 개념은 『성의 역사 1』이 출판된 해와 같은 해에 행해진 강의인 "사회를 보호해야 한다"에서도 등장한다. 이 강의록에서 푸코는 다음과 같이 말한다. "18세기에 인체에 대한 해부정치가 설치된 뒤 18세기 말이 되면, 인체의 해부 정치에서는 이미 없어진 것, 즉 인간이라는 종에 대한 '생명관리정치'라고도 부를 수 있는 것이 등장하는 것을 알 수 있습니다."[1]

뒤이은 『안전, 영토, 인구』는 "사회를 보호해야 한다"의 위와 같은 결론을 출발점으로 하여 시작한다. 강의 제목 『안전, 영토, 인구』는 강의의 주제가 무엇인지 분명히 제시한다. 일단 대비되는 것은 영토와 인구이다. 영토와 인구는 각각 권력이 안전하게 지키려 하는 대상이다. 영토는 고전주의 시대까지 군주가 대상으로 삼았던 것이다. 그렇다면 인구는? 푸코가 애초에 의도했던 것은 다양한 안전테크놀로지의 역사를 기술하고 "안전사회라는 것이 실제로 운운될 수 있는지를 포착하는 것"이었다.[2]

그러나 강의는 조금씩 그러다가 결국 급하게 방향을 바꾼다. 그는 네 번째 강의의 말미에서 강의 제목에 대한 후회를 드러낸다. "올해 강의에 더 정확한 제목을 부여하려 했다면 나는 '안전, 영토, 인구'라는 제목을 선택하지 말았어야 했다. 내가 진정으로 하고 싶었고, 실제로 지금 하고 싶은 것은 '통치성'의 역사라고 부를 수 있는 어떤 것이다"111;162. 이제 『안전, 영토, 인구』의 주제는 '통치성gouvernmentalité'이다. 『안전, 영토, 인구』의 편집자 미셸 세넬라르는 「강의정황」에서 안전-영토-인구의 삼각형이 안전-인구-통치의 삼각형으로 바뀌었다고 쓰고 있다.

통치성이라는 개념은 안전테크놀로지의 역사를 탐사하려던 방향을 새로운 곳으로 이끈다. 그곳은 바로 근대 국가의 계보학이라 부를 영역이다. 이 강의 이전 푸코의 연구에서 권력은 국가와 직접적으로 연관되지 않았다. 『성의 역사 1』에서 푸코는 권력을 소유나 교환이 가능한 실재로 여기는 가정을 폐기할 것을 주장하면서 권력을 관계, 그물망으로 보는 견해를 제안했다. 또한 그는 권력을 국가 등의 소재지를 갖는 것으로 보는 가정에도 반대했다. 그랬던 그가 국가를 문제 삼은 것은 바로 이 강의 『안전, 영토, 인구』이다.

푸코가 이 강의에서 보여주는 통치성의 역사는 곧 자유주의적 근대 국가의 계보이다. 우리는 이제 콜레주드프랑스의 수강생들처럼 푸코의 강의에 귀 기울여 그가 펼치는 통치성의 역사, 자유주의적 근대 국가의 계보를 따라갈 것이다.

그전에 잠시 첫 페이지로 다시 돌아가보자. 푸코는 후기에 윤리를 축으로 하는 주체화를 연구하는 데 매진한다. 이는 1980년대에 한 강의의 제목('주체성과 진실', '주체의 해석학', '자기와 타인에 대한 통치', '진실의 용기')만 보아도 알 수 있다. 그리고 여전히 통치의 개념은 사라지지 않는다. 광범위하게 "행실의 통솔"로 정의되는 통치는 후기에는 "자기의 테크놀로지," "실존의 미학" 등의 개념과 결합한다. 이제 통치는 개인들이 자기 자신을 통솔하는 방식으로서 자신이 원하는 대로 자신을 만들어 나가는 자기의 테크놀로지이다. 그렇다고 해서 이러한 윤리학적 전회가 정치로부터 등을 돌린 것은 아니다. 『감시와 처벌』에서 푸코는 통치를 권력이 개인들에게 행사되는 방식이라고 보았다. 이때부터 후기까지 통치는 개인들이 자기 자신을 통솔하는 방법에 영향을 미치는 방식으로 이해되었고, 후기의 윤리학에서 자기의 테크놀로지는 독립적으로 작동하는 것이 아니라 개인들의 관계 속에서, 즉 지배의 테크놀로지와 상관하여 작동하는 것으로 설명된다. 요컨대 『감시와 처벌』에서 통치는 일방적이거나 적대적으로 이해되는 권력의 대안 개념이며, 『안전, 영토, 인구』에서는 자유주의적 근대 국가가 그것의 짝인 인구를 다루는 방식이다. 후기 저작에서는 개인들이 타인을 지배하는 테크놀로지와 이와는 다른 자아 스스로의 지배 테크놀로지로서의 통치가 문제시된다.

지금까지 『안전, 영토, 인구』가 푸코의 전체 연구에서 어떤 위치를 차지하며, 어떤 문제의식에서 도출되었는지 살폈다. 이제 푸코의 강의실에 들어갈 준비가 된 듯하다.

| CONTENTS |

1강

안전장치의 특징 1: 공간과 관련하여

1978년 1월 11일

푸코는 다음과 같은 말로 한 학기의 강의를 시작한다.

올해는 내가 대충 생명관리권력이라고 불렀던 것을 연구하고자 한다. 생명관리권력이란 내가 보기에 꽤 중요한 일련의 현상, 즉 인간이라는 종의 근본적으로 생물학적인 요소를 정치, 정치적 전략, 그리고 권력의 일반 전략 내부로 끌어들이는 메커니즘의 총체이다. 달리 말해서 어떻게 사회가, 18세기부터 근대의 서구 사회들이 인간 존재가 인간 종을 구성한다는 근본적인 생물학적 사실을 중요하게 되었는지를 연구해 보려고 한다3;17.

강의의 목표는 분명하다. 즉 생명관리권력을 연구하는 것이다. 이전 강의인 "사회를 보호해야 한다"의 마지막 강의에서 푸코는 "현재 정착하고 있는 새로운 권력의 테크놀로지, 이 생명관리정치, 정착 중에 있는 이 생명관리권력에서 무엇이 관건인가?"[3]라는 질문을 던지는데, 이 답을 찾는 본격적인 시도는 『안전, 영토, 인구』에서 이루어지는 것이다. 보다시피 푸코는 일단 생명관리권력을 인간의 생물학적인 요소를 정치와 권력에 끌어들이는 전략으로 정의하고, 하나의 생물 종으로서의 인간을 정치와 결부시킨 18세기부터의 서구의 역사를 연구하려는 목표를 제시한다.

1강부터 3강까지 푸코는 안전장치의 일반적인 특징에 대해 설명한다. 1강은 '공간', 2강은 '사건', 3강의 '정상화'와 관련하여 안전장치의 특징이 설명된다. 안전장치에 대한 설명을 하는 이유는 무엇인가? 그것은 생명관리권력을 연구하는 목표와 어떻게 연결되는가? 푸코는 인간의 생물학적 요소를 권력의 장에 끌어들이는 전략이라는 점에서 "생명관리권력은 인간 사회의 역사에서 가장 중요한 변동 중 하나"[4]라고 본다. 푸코는 생물 종으로서의 인간을 정치와 결부시키는 방식으로서 안전장치를 가정·제안한다. 18세기라는 특수한 시기에 인간 종은 어떻게 권력의 전반적 전략 속에 배치되는가? 그 메커니즘은 무엇인가? 푸코가 묻고 있는 것은 이러한 것이며, 이러한 물음에 대한 답으로 안전장치가 제안되고 있다.

안전의 세 가지 의미

그러므로 첫 질문은 당연히 "안전이라는 말을 어떻게 이해해야 하는가?"이다. 안전은 세 가지 의미를 가질 수 있다. (1) '너는 절도하면 안 된다'와 같은 금기의 형태를 띠는 형법적 의미가 있다. (2) 안전은 절도를 저지를지 아닐지를 사전에 포착할 수 있게 해주는 일련의 감시, 통제, 주시 등을 통해, 즉 관리와 통제를 통해 확보됨을 함축한다. 또한 다른 한편 형벌은 일정한 훈육과 노역을 부과해서 교화, 교정이라 불리는 죄수를 변형시키는 작업이어야 한다. (3) 안전이 확보되려면 다음과 같은 사항에 대한 조사나 예측이 필요하다. 즉 도시나 농촌 등 특정 지역, 특정 시기, 특정 사회계층에서 범죄가 일어날 통계학적 예측, 범죄의 평균 발생률에 대한 조사, 범죄 증가나 감소의 요인에 대한 조사, 범죄로 인한 사회적 비용의 계산, 범죄 억제의 비용에 대한 조사 등 등이 필요하다.

안전을 확보하는 메커니즘
― 사법메커니즘, 규율메커니즘, 안전장치. ① 범죄-형벌 사례

이와 같이 안전이라는 말의 의미는 세 가지로 변조되며, 이에 따라 안전을 확보하는 메커니즘 역시 세 가지로 구분될 수 있다. 위의 세 가지 의미에 대응하는 세 가지 메커니즘은 각각 사법메커니즘, 규율메커니즘, 안전장치이다. 이 세 메커니즘에 대해 보다 자세한 설명을 들어보자.

(1) 사법메커니즘은 중세에서 시작해 17~18세기까지 이어졌다. 이 시기에 죄와 형벌의 관계는 단순했다. 절도에 대한 금기의 법적 조항이 있고, 이에 대한 위반이 있으면, 역시 법에 명시된 처벌을 한다. 푸코가 『감시와 처벌』에서 묘사했던 과시적인 신체형이 있었던 시기가 이 시기이다. (2) 그

런데 중세의 신체형보다 더 교정 효과가 큰 형벌로서 근대적 징역형이 실행되게 된다. 감금은 지속적인 감시를 보장하고, 노동과 훈육을 가능하게 한다. 감시, 노동, 훈육은 재소자를 변화시키는 것을 목적으로 한다. 이러한 실행이 바로 (형사제도와 관련해서는) 규율메커니즘이라고 푸코가 부르는 것이다. 규율메커니즘은 18세기부터 정착된 근대적 사법이다. (3) 마지막 안전장치는 현대의 사법체계이다. 이제 중요한 것은 형벌과 형벌비용의 계산이 중심이다. 안전장치가 어떤 것인지 밝히려는 것이 이 강의의 목적 중 하나이다.

그런데, 이러한 일종의 역사적 도식은 도식적으로 이해되어서는 안 된다. 즉 중세의 사법메커니즘에는 규율적인 요소가 없었고, 규율메커니즘의 시대에 안전장치의 요소는 없었던 것은 아니다. 중세에 본보기로서 신체형을 실행했을 때, 범죄자는 사형을 당해 버리고 말지라도 그 전시되는 신체가 보여주는 공포감으로 인해 그것을 보는 사람에게는 다소간의 범죄 예방 효과를 주기 마련이다. 즉 규율메커니즘이 목적으로 하는 교정과 규율화의 효과를 중세의 신체형도 갖는다. 또한 규율의 시대에도 같은 범죄행위에 다른 처벌

이 부과되는 경우가 있는데, 예를 들자면 절도자가 손님이나 하인일 경우 더 무거운 형벌을 받는 경우가 그렇다. 이는 그 범죄자에게는 앞으로 유사한 범죄를 또 저지를 개연성이 많기 때문에, 다시 말해 실제로 저질러진 것보다 더 중대한 범죄로 '개연적으로' 여겨졌기 때문이다. 이러한 예상은 안전장치의 특성이지만, 근대의 규율메커니즘에서도 찾을 수 있다. 마찬가지로 안전장치 내지는 안전테크놀로지는 사법기술과 규율기술을 포함한다. 안전테크놀로지는 "주어진 한 사회 안에서, 주어진 여러 영역에서 안전테크놀로지가 자체의 전술 내부에서 법률적 요소와 규율적 요소를 제고하고 작동시키면서, 때로는 그것들을 배가시키면서 확립되는" 10~11;28 역사 속에서 형성된다. 여기까지 푸코는 안전의 의미와 안전장치의 역사를 서술한다는 것이 어떤 것인지를 범죄-형벌과 관련하여 보여주었다.

안전을 확보하는 메커니즘
― 사법메커니즘, 규율메커니즘, 안전장치. ② 전염병 사례

이어서 그는 전염병의 사례를 통해 같은 것을 다시 한 번 이야기한다. 역시 시대 순인데, (1) 제일 처음 언급되는 것은 중세의 나병환자의 추방이다. 나병에 걸린 사람은 그렇지 않은 사람과 구분되고 나병환자는 도시에서 추방된다.

(2) 다음으로 중세 말 16세기에 시작되고 17세기에 분명해진 방식은 규율기술이 적용되는 방식이다. 푸코가 대표적인 것으로 꼽는 이 시기의 전염병은 흑사병이다. 이제 도시와 지역은 격자화되어 감시를 받는다. 접촉은 금지되고 순찰자는 개인들이 자신의 집에서 언제 나갈 수 있고, 언제 어떤 음식을 먹어야 하는지를, 무엇을 해야 하고, 무엇을 해서는 안 되는지를 지시하고 통제한다.

(3) 세 번째 방식은 18세기부터 시작되는 천연두 접종으로 대표된다. 이제 중요한 문제는 몇 명이나 천연두에 걸렸는지, 몇 살에 천연두에 걸렸는지, 사망률은 얼마이며 어떤 상해와 후유증이 있는지, 접종에 따르는 위험은 무엇인지 등

등이다. 나병환자수용소에서와 같은 배제의 문제도 아니고 흑사병과 같은 격리의 문제도 아닌 새로운 문제, 즉 의료캠페인의 문제가 대두된 것이며, 이는 안전기술의 문제이다. 푸코는 다시 한 번 사법-규율-안전을 하나가 없어지면서 다음 것으로 대체되는 식의 흐름으로 보아서는 안 된다고 강조한다. 안전메커니즘은 예전부터 있던 법이나 규율 등에 더해져 기능한다.

사법·규율기술을 대체하거나 뒤이은 것이 아니라 해도 안전테크놀로지는 그것들과 다른 것으로 구분되며 역사적인 어떤 시기에 출현하는 것이다. 이 출현 지점은 어디인가? 이 물음은 권력의 문제와 결부되어 있다. 푸코는 이렇게 말한다. "내가 여기서 연구하고 싶은 것은 소위 안전테크놀로지의 역사이며, 안전사회라는 것을 실제 운운할 수 있는지 포착하는 것이다. 어찌됐든 이 안전사회라는 이름으로 내가 알고 싶은 것은 단지 안전테크놀로지라는 형태를 취하는, 혹은 특히 안전테크놀로지에 의해서 지배되고 있는 권력의 어떤 일반적 체계가 실제로 있는지의 여부이다"12~13;30. 요컨대 강의는 안전사회라고 부를 만한 것이 실제로 있는지를 탐구하는 데 할애될 것인데, 이 탐구는 안전테크놀로지가 무엇이며 어떻게 작동하는 것인지를 밝힘으로써 실현된다.

지금까지 『안전, 영토, 인구』에서 첫 번째 주제, '안전'에 대한 문제가 함축하는 것들이 설명되었다. 푸코는 이어서 안전장치를 우선 안전공간을 통해 분석한다. 이어서 몇 가지 더 안전장치의 속성이 있을 수 있다고 푸코는 말한다. 때문에 독자는 안전장치의 속성에 대한 분석이 보다 더 진행될 것으로 예상할 수 있다. 하지만, 안전공간을 통한 안전장치의 분석 후에 책 제목의 순서대로 그리고 강의 첫머리에 푸코가 언급한 대로 영토, 인구의 순서로 생명관리권력이 연구될 것이라는 독자들의 예상은 실현되지 않는다. 지금 우리가 읽고 있는 책은 퇴고가 가능한 저서가 아니라 진행 중인 강의이다. 강의는 종종 미리 준비한 강의록대로 진행되지 않고 즉흥성의 물결을 탄다. 물결의 방향은 4강에서 바뀐다. 어쨌든 지금은 푸코의 강의 순서를 따라가야 한다.

푸코는 안전장치와 관련된 공간을 먼저 다룬다. 여기에서 다시 한 번 시대구분이 언급되는데, 주권, 규율, 안전의 시대가 그것이다. 도식적으로 주권은 영토, 규율은 개인의 신체, 안전은 인구 전체에 행사된다고 말할 수도 있다. 하지만 푸코는 "그건 아니다"라고 분명히 말한다. 왜냐하면 이 대상들 역시 각 시대별 메커니즘에 고유한 대상이 아니라 중첩되는 대상이기 때문이다. 푸코가 문제 삼는 것은 "주권과 규율 그리고 안전이 공간을 다루는 다른 방식"[14;32]이다.

주권시대의 안전공간

푸코는 도시와 관련하여 세 가지 사례를 들어서 설명한다. 첫 번째 사례는 알렉상드르 르 메트르라는 사람이 쓴 『수도론』[1682]이라는 텍스트이다. 제목에서 알 수 있듯이 이 책의 주제는 수도이며, 가장 이상적인 수도는 어떤 것인지를 제시하고 있다. 내용은 이렇다. 훌륭한 국가는 원의 형태를 취하며 수도는 그 원의 중심에 있다. 영토의 중심에 수도가 있어야 하는 이유는 관념적인 것부터 실질적인 것까지 충분히 있다.

먼저 관념적인 차원에서 볼 때, 수도에 거하는 주권자의 명령과 법이 영토 구석구석에 퍼질 수 있어야 하며, 수도는 영토에 거주하는 사람들의 품행과 행동방식을 이끄는 도덕적 중심이기도 해야 한다. 따라서 고등교육기관도 수도에 있어야 한다. 좋은 풍속과 과학, 진리는 수도로부터 확산되어야 하기 때문이다. 다음, 실질적으로 수도는 경제적 중심지의 역할을 수행해야 한다. 수도는 외국에서 온 상품들이 모이고, 제조된 상품들이 상업을 통해 재분해하는 지점이어야 한다.

푸코에 따르면 이 당시 유럽은 엄격한 주권체제 내에서 무역을 통한 경제발전의 확보를 주요하게 추진하던 중상주의 및 관방학(당시 대학에서 미래의 관료를 가르치기 위해 만들어진 교과로서, 행정 근대화, 국가의 문제, 법률학, 경제학 등으로 구성되었다) 이 팽배했다. 르 메트르는 브란덴부르크 선제후의 총괄 기술감독이었으니 중상주의의 흐름의 한가운데에 있었던 사람이다. 그의 주장은 수도가 영토와 이상적인 관계를 맺을 때, 주권이 가장 잘 발휘될 수 있다는 것이다. 요컨대 주권이 공간을 다루는 방식은 주권자의 거처로서의 수도를 중요시하며, 수도를 중심으로 하여 주권이 영토에 발휘되게 하는 방식이다.

규율시대의 안전공간

　두 번째 사례는 리슐리외라는 프랑스의 작은 도시이다. 이 도시는 리슐리외 추기경이 1631년에 건설한 도시이다. 이 도시는 고대 로마의 진영을 모델로 한다. 리슐리외는 다양한 도형을 내부에 품는 그 자체 하나의 기하학적 도형이다. 도시의 형태는 이렇다. 도시 전체는 직사각형인데, 중앙로에 의해 두 직사각형으로 분할된다. 또 다른 보다 작은 도로들로 인해 직사각형들은 분할된다. 가장 큰 도로로 가장 크게 분할되는 큰 직사각형은 거주 공간인데, 중앙로와 가까운 쪽부터 사회계층과 재산 정도에 따라 차별화된 가옥들이 있다. 작은 직사각형에는 시장이 열리는 광장과 상점이 있는 상업지역이다. 도시 공간은 크고 작은 도형들로 구성된 셈이다. 각 공간-도형들은 그 기능에 따라 분할되어 있다. 이러한 방식이 규율의 방식이다. 규율 방식은 "위계화, 권력관계의 정확한 소통, 그리고 예를 들면 주거의 확보 같은 공간 분배 특유의 기능적 효과라는 삼중의 원리"[19;42]로 요약된다.

안전시대의 안전공간

세 번째 사례는 18세기에 있었던 도시정비 사업 중 하나
인 낭트의 사례이다. 낭트는 당시의 다른 대도시들과 마찬
가지로 확장을 필요로 하는 도시였다. 무역이 발달했고, 인
구가 늘었으며, 이에 따라 주거 밀집이 해소되어야 했다. 또
한 늘어난 경제 및 행정 기능을 위한 공간도 필요했고, 농촌
과의 관계도 조정되어야 했다. 게다가 도시는 계속 성장할
것이라 전망되었다. 결국 도시는 정비되었는데, 푸코는 이
정비의 세부내용보다 중요한 것은 그 정비 계획이라고 말한
다. 낭트 정비 계획에는 주목할 네 가지 특징이 있다. 첫째,
이제 리슐리외처럼 규율적 도시를 건설하는 것은 중요하지
않다. 안전은 개인에게 가해지는 규율이 아니라 부지, 배수,
섬, 대기 등 물질적인 것에 작동하게 된다. 둘째, 안전은 완
벽한 상태에 이르지는 못할 것이다. 단지 긍정적 요소는 최
대화하고 질병이나 절도 같은 부정적인 요소는 최소화할 것
이 추구된다. 셋째, 예를 들어 도로는 상품이 운반되고 상점
이 위치하는 곳이면서 동시에 도둑이나 폭도들이 통행하는

곳일 수도 있다. 도로는 긍정적인 기능도 하고 부정적인 기능도 한다. 이는 도로뿐만 아니라 도시를 구성하는 다른 물질적 요소들도 마찬가지이다. 그러므로 도시 정비는 "그 자체의 다기능성에 의해 정당화되는 요소들"[21;47]을 체계화해야 한다. 넷째, 도시는 완전히 통제될 수도 계측될 수도 없다. 그러므로 발생 가능한 것들을 모두 고려해서 정비되어야 한다. "결국 확률을 계측해서만 통제될 수 있는 열린 계열의 관리, 그것이야말로 안전메커니즘의 지극히 본질적인 특징이다"[22;48].

요약하자면 주권은 주권자가 거하는 수도를 중심으로 영토를 배치하며, 규율은 위계와 기능에 입각하여 도시 공간의 요소를 배분한다. 안전은 어떤가?

안전은 다가치적이고 가변적인 틀 내에서 조정되어야 할 사건들 또는 사건들의 계열 또는 가능한 사건들에 따라 환경을 정비하려 한다. 그러므로 안전 특유의 공간은 가능한 사건들의 계열과 관련이 있다. 주어진 공간 내에 기입될 필요가 있는 일시적이고 우연적인 것과 말이다. 우연적 요소들의 계열이 전개되는 공간, 그것이 사람들이 대략 환경이라고 부른 것이라고 나는 믿는다22;48.

이 시대에 환경이라는 단어는 도시계획 등의 사회학적인 분야에는 등장하지 않았다. 그럼에도 불구하고 안전장치는 이미 환경을 만들어내고 조직하고 정비하고 있었다. 환경은 하천, 습지, 언덕 등 자연적인 것과 개인이나 가옥의 밀집과 같은 인위적인 것들의 전체이며, 결과와 원인의 순환이다. 인구 밀집이 일어나면 더 많은 질병이 발생할 수 있고 그러면 더 많은 사망자가 발생할 것이다. 많은 시체는 더 많은 병인病因과 환자를 야기할 것이다. 이런 면에서 보면 18세기의 도시계획가들은 순환과 인과성을 중요하게 생각할 수밖에 없다. 또한 환경을 통해 사람들은 개인이나 도시의 일부 또는 전체 주민들이 만드는 사건들의 계열에 연결되어 상호작용하게 된다. 이제 "도시가 제기하는 이 기술적 문제와 함께, 인간이라는 종의 '자연성naturalité' 문제가 인공적인 환경 내부로 느닷없이 들어오는 것을 볼 수 있다"23;50. 이제 주권자는 영토를 다스리는 또는 영토에 주권을 행사하는 자가

아니라, 인간이 지리적·풍토적·물리적 환경과 나누는 상
호작용을 관장하는 자이다. 그리고 이때 인간은 하나의 생
물 종, 물리적인 존재이며 또한 도덕적이고 사회적인 존재
이다. 이것이 인간이라는 종의 자연성이라 위의 인용문에서
표현한 것이고, 또한 주권 행사의 새로운 대상으로서 대두
된 인구의 의미이다.

　이처럼 1강의 마지막에서 새롭게 언급된 환경과 인간의
자연성은 안전장치를 다루는 다음 장에서도 이어서 다루어
진다.

2강
안전장치의 특징 2: 사건과 관련하여

1978년 1월 18일

1강에서 푸코는 안전장치의 특징을 공간과 관련하여 설명했는데, 2강에서는 사건과 관련하여 설명한다. 특히 그는 식량난이라는 사건을 예로 들어 안전장치를 설명하고자 한다. 구체적인 질문은 이것이다. "17~18세기의 프랑스 사회에서처럼 사회에 대한 정치적·경제적 관리, 즉 통치기술이 적용된 중에 식량난에 직면해서는 무엇이 행해졌는가?"[33;59]

식량난에 대한 사법적·규율적 대책

식량난이란 간단히 말해, 국민이 먹고사는 데 필요한 양의 곡물이 현재 불충분한 것이다. 17~18세기, 식량난에 대한 대책은 기본적으로 식량난을 근절하고 예방하는 것을 목표로 했다. 구체적으로는 가격 제한, 비축할 권리 제한, 수출 제한 그리고 경작 면적 등의 제한 조치가 있었고, 또한 정해진 양만큼 경작하거나 특정한 작물의 재배를 금지하는 강제 조치들도 있었다. 이러한 제한 및 강제 조치들은 법을 적용한다는 점에서 사법적인 것이었으며 식량을 조절하고 식량난을 예방하려는 것이라는 점에서 규율적이다.

이러한 조치로 곡물은 가장 싼 값에 매매될 수 있고, 따라서 농민들의 이익은 최소화되고 도시 주민들은 되도록 싼 값에 식량을 구입할 수 있게 된다. 그렇게 된다면 도시 주민들의 임금 또한 최소화될 수 있을 것이다. 최저가격 정책이라고 부를 수 있는 이러한 정책은 한마디로 말해서 유통 단계를 최소화하여 곡물이 도시의 시장으로 빠르게 유입되는 것을 보장하며, 이로써 식량난이 생길 위험성을 제한하려는 것이다. 또한 곡물가 상승으로 인한 도시에서의 폭동을 사전에 막는 효과도 노릴 수 있다. 이러한 조치들은 중상주의의 전형적인 조치들이다.

이러한 조치들로 인해서 식량난이 잘 방지되거나 극복되었는가 하면 꼭 그렇지는 않다. 농민의 소득이 생산비에 미치지 못하여 파산이 속출하는가 하면, 이듬해 농민이 파종을 적게 할 수밖에 없어서 식량난이 생기기도 했다.

식량난에 대한 안전장치의 대책

그런데 18세기에 이르러 경제 분야에 새로운 개념, 사상이 발생하기 시작한다. 이것이 바로 중농주의 학설이다. 흔히 중상주의와 중농주의의 차이 중 하나는 무역에 대한 입장 차이라고들 한다. 즉 중상주의는 보호무역을, 중농주의는 자유무역을 옹호한다. 어쨌든 식량난과 상관 있는 중농주의의 대책은 곡물 순환의 자유를 보장하는 것이었다. 18세기에 프랑스에서는 여러 번의 칙령을 거쳐 곡물의 자유가거의 완전히 확립되었다.

여기에서 두 입장의 차이는 제한이냐 자유냐 하는 것으로 보이지만, 푸코는 18세기에 일어난 그보다 중요한 변화는 곡물부족과 가격상승에 대한 관점 변화라고 지적한다. 즉 사법적·규율적 체계에서 악으로 간주되고 당연히 피해야 할 것으로 여겨졌던 곡물부족과 가격상승이 선도 악도 아닌 그냥 그런 것으로 파악되기 시작했다는 것이다. 심지어 이 문제들은 식량난을 해소하기 위한 분석의 대상이 되지도 않는다.

이제 분석의 대상은 푸코가 '곡물의 이력'이라고 부르는 것이다. 즉 파종부터 성장 기간과 농지 등 비용과 관련 있는 모든 것, 더 자세하게는 토지의 질이라든지, 기후 조건, 풍작 또는 흉작의 여부, 곡물의 양과 질 등등 …, 이 모든 것이 분석의 대상이 되는 것이다. 그리고 곡물의 이력 전체, 나아가 그 흐름을 방해하거나 바꾸는 사건에 하나의 장치를 접합하려는 시도가 일어난다. 물론 이 장치는 안전장치이다.

곡물의 흐름에서 안전장치는 어떻게 작동하는가? 흉작의 경우, 시장에 흉작의 결과가 나오기 이전에 이미 흉작의 기미는 보이기 마련이다. 그러면 곡물 판매자는 가격을 올릴 작정을 할 것이다. 중상주의자들이 막으려 애썼던 곡물가격 상승이 일어나게 될 것이다. 그러나 중농주의자의 입장에서 이것은 문제가 아니다. 그대로 두어도 괜찮다. 왜냐하면 무역이 자유롭기 때문에 높은 가격을 받기 위해 다른 나라의 곡물이 국내로 유입될 것이기 때문이다. 어쩌면 국내의 곡물가격을 붕괴시킬 만큼 대거 유입이 일어날지도 모른다. 그러나 이것 역시 걱정할 문제가 아니다. 이러한 우려는 곡물 판매자도 할 줄 알기 때문에 그는 처음 흉작의 기미가 보일 때 발생하는 소폭의 가격상승에서 이윤을 얻으려 할 것이다. 이제 아무도 흉작이 예고되자마자 곡물 판매를 꺼리지 않을 것이고 가격의 소폭 상승은 있겠지만 천정부지로 치솟는 일은 없을 것이다. 이런 식으로 곡물이 자유롭게 순환되는 한 식량난은 일어나지 않는다. 특정한 시점에서의 흉작은 곡물부족과 가격폭등 현상을 야기하겠지만, 일련의 메커니즘을 통해 이 현상은 자체를 바로잡고 소거할 것이다. 이 메커니즘이 곧 시장메커니즘이다.

식량난을 해결하기 위한 분석은 시장메커니즘에 대한 발견에까지 이르렀다. 그러나 분석의 범위는 이에 그치지 않고 다음과 같이 확대된다. 첫째, 생산의 차원에서 농부나 시장은 고찰되어야 할 전반적인 순환의 일부일 뿐이다. 생산부터 최종 이윤에 이르기까지 전반적인 순환이 모두 분석의 대상이다. 둘째, 곡물의 자유로운 순환이 일어나기 때문에 내수시장뿐만 아니라 국제 곡물시장까지 고찰되어야 한다. 셋째, 각자의 이해관계에 따라 계산하고 행위하는 인간, 즉 호모 에코노미쿠스도 분석의 대상이 된다. 식량난을 해결하기 위한 분석은 이제 생산자와 소비자의 광범위한 경제 활동으로 범위를 넓힌 것이다. 이것이 경제학이라는 학문의 탄생이다.

진정 안전장치의 시대에 식량난은 더 이상 일어나지 않는가? 그렇다. 그러나 굶주리는 사람이 없는 것은 아니다. 인구 전체의 총체적 재앙으로서의 식량난은 더 이상 없다. 시장에서 가격폭등과 곡물부족이라는 현상은 생겼다가 스스로 소멸하기 때문이다. 또한 같은 이유로 이 현상이 전개되는 와중에 어떤 사람, 어느 정도의 사람은 굶주릴 수 있다. 이는 불가피하다. 통치와 정치경제학이 만나는 이 순간에 인구라는 통치의 새로운 대상이 출현했다. 푸코는 인구에 대한 이야기를 간단히만 언급하고 지나가는데 인구에 대한 내용은 푸코에게 있어 중요한 것이고 이후 강의3강에서 심층적으로 다루어질 것이다.

규율장치와 안전장치의 비교

지금까지 안전장치의 특성을 식량난의 사례를 통해 알아보았다. 안전장치가 무엇인지 보다 분명히 포착하기 위해 규율장치와 비교해 보자.

(1) 규율장치와 안전장치의 첫 번째 차이는 이렇다. 규율장치는 공간을 '분리하고', '중심을 정하고', '닫는다.' 곡물이나 인구는 '집중하고', '폐쇄한다.' 규율장치는 구심적이고, 안전장치는 원심적이다. 안전장치는 항상 바깥을 향해 확대되려는 경향이 있다. 이 원심적 운동에 생산자, 소비자, 수공업자, 수출업자의 생산 활동, 심리 반응, 행동 방식이 통합되고 세계시장이 통합된다. 그러므로 거대해지는 회로가 자연스럽게 발전하도록 내버려두거나 조직하는 것이 중요하다.

(2) 두 번째 차이는 규율은 모든 것을 규제하는 반면, 안전장치는 방임한다는 것이다. 규율은 사소한 것이라도 내버려두지 않고 기본적으로 저지하는 방식으로 기능한다. 반면 안전장치는 식량난이라는 총체적 재해가 발생하는 것을 막

기 위해서, 어느 정도의 사람들이 굶주리는 것을 내버려둔다. 안전장치는 사건을 그 자체로 선악으로 평가하지 않고 자연적인 것으로 필연적이고 불가피한 절차로 간주하여 기능한다.

(3) 법체계는 본질적으로 금지를 통해 발휘된다. 즉, ‘~한 행위는 하지 말라’는 식이다. 이에 반해 규율체계는 무엇을 해야 하는지를 세세하게 지시한다. 기상부터 취침까지 시간별, 장소별로 해야 할 일이 세밀하게 지침으로 정해져 있는 수도사들의 생활은 규율체계의 좋은 예이다.

그런데 안전장치는 사건이 일어날 행위를 금지하거나 의무화하는 것과는 사뭇 다른 방식으로 기능한다. 안전장치의 관점에서는 사건을 자연 내지는 본성으로 가정하고 실제로 어디에서 발생하는지를 포착하는 것이 중요하다. 물론 금지나 명령이 개입하지만 이 개입은 현실의 요소들을 조절하기 위해서 실행된다.

법은 상상적인 것 안에서 작동한다. 법은 행해야 할 것과 행하면 안 되는 것을 상상하고, 상상함으로써만 자신을 정식화할 수 있다. 규율은 인간이 악의적이고 나쁜 성향을 갖고 있다고 가정하고, 이러한 현실을 명령이나 의무로 보완하려 한다. 안전장치는 상상을 하지도 않고 현실을 사악한 것으로 가정하지도 않는다. 현실의 요소들은 자연적으로 맞물려 있으니 현실을 분석하고 몇몇 현실의 요소를 배치함으로써 원활히 작동하게끔 하면 된다.

자유주의와 안전장치

이로써 근대 정치에 새로운 분기점이 생겼다. 정치는 신이 인간에게 부과한 것이라거나 인간의 악한 본성 때문에 필요한 것이 아니다. 정치는 하나의 물리학이다. 경제도 마찬가지이다. 주어진 유일한 것, 분석이나 개입해야 할 유일한 것은 현실뿐이다. 푸코는 이처럼 정치의 질서를 자연의 질서와 유사한 수준에서 파악하는 원칙이 자유주의의 원칙이라고 지적한다. "사람들을 방임하기, 사건을 일어나도록 맡겨두기, 사건을 내버려두기, 맡겨두기, 내버려두기인 자유주의[라는] 유희는 본질적이며 기본적으로 현실이 그 자체의 법칙, 원리, 메커니즘에 따라 발전하고 굴러가고 그 자체의 경로를 밟는다는 것을 뜻한다"[49;86].

　그렇다고는 하나 초기의 중농주의자들이나 경제학자들이 취한 자유주의적 조치들이 경제의 근대화나 자본주의화를 추구한 것으로 성급히 결론지어서는 안 될 것이다. 또한 18세기의 자유주의적 정책은 어쨌든 규율적 기술로 인해 가능했다는 점을 간과해서는 곤란하다. 당시의 규율 기술은 아동, 병사, 노동자 등의 자유를 제한하면서 자유를 행사할 수 있도록 기능했다. 이런 점을 염두에 두고 현 논의의 맥락에서는 자유를 안전장치와 상관해서 파악하는 데 집중해야 한다. 다시 말해 정치이데올로기로서 하나의 분수령을 이루는 자유라는 개념을 "권력테크놀로지의 변이와 변용 내에서"[50;87]에서 이해해야 한다는 것이다. 지금 푸코가 주목하는 것은 곡물이나 사람, 사물의 자유로운 순환이다. 즉 자유를 특정인의 권리나 특권으로서가 아니라 인구나 사물의 순환과정으로서 넓게 보자는 것이다. 이렇게 보면 자유는 "안전장치가 자리 잡는 국면, 양상, 영역 같은 것으로 이해해야 한다"[50;88].

3강
안전장치의 특징 3: 정상화와 관련하여

1978년 1월 25일

1강에서는 공간(특히 도시)과 관련하여, 2강에서는 사건(특히 식량난)을 통하여 안전장치가 설명되었다. 푸코는 3강에서는 '정상화(특히 전염병)'와 관련하여 안전장치를 설명한다. '정상화'는 말 그대로 비정상적인 현상을 정상적인 것으로 만든다는 의미이다. 따라서 이 단어는 '정상적인 것과 비정상적인 것을 무엇을 기준으로 하여 나눌 것인가?'라는 중요한 문제를 내포한다. 사법 장치 및 규율 장치와 안전장치는 정상의 기준도 다르고 정상화의 방법도 달리한다. 푸코는 정상화를 전염병의 사례로 설명한다. 전염병 사례에서 전염병의 확산, 다수의 환자 발생은 비정상적인 현상임이 틀림 없다. 규율장치와 안전장치는 전염병이라는 비정상적인 현상을 어떻게 정상화하는가?

규율장치의 정상화와 안전장치의 정상화

먼저 규율은 어떻게 정상화를 시행하는지부터 들어보자. 우선 규율은 "개인, 장소, 시간, 몸짓, 행위, 조작을 분석하고 분해"한다. 그런 다음 이렇게 포착된 요소를 결정된 목표에 입각해 분류한다. 예컨대 총을 겨누는 데 가장 효과적인 몸짓은 어떠해야 하는가? 또한 규율은 최적의 사열·배열을 고안하고 확립한다. 각 몸짓을 어떻게 연속적으로 배열하는 것이 좋은가? 병사의 배치는 어떻게 하는 것이 좋은가? 나아가 규율은 점진적인 조련절차와 항구적인 통제수법을 정하고 이 기준에 따라 유능한 사람과 무능한 사람을 분할한다.

규율장치의 정상화는 규율이 제시되고 그 규율이 기준이 되어 정상과 비정상이 나뉘는 방식으로 작동한다. 제시된 규율을 잘 따르는 사람은 정상으로, 그렇지 않은 사람은 비정상으로 나뉜다. 정상적인 것은 규범에 부합하는 능력이 있는 것이고, 비정상적인 것은 그럴 능력이 없는 것이다.

그렇다면 안전장치의 정상화는 어떻게 실행될까? 푸코는 천연두를 예로 설명한다. 17, 18세기 천연두는 대표적인 전염병이었다. 천연두에 의한 사망률이 거의 1/8이었고, 당시 런던에서는 5, 6년의 격차를 두고 집중적으로 발병했다고 한다. 널리 알려진 바와 같이 천연두는 예방접종으로 인해 사라졌다. 1720년부터 천연두 접종이 이루어졌고 1800년부터는 우두가 접종되기 시작했다. 바로 이 예방접종의 기술이 안전장치와 관련하여 푸코가 주목하는 기술이다. 예방접종은 완전히 예방적이다. 그러면서 확실하고 전면적인 성공을 가져온다. 게다가 큰 비용을 들이지 않고도 인구 전체에 적용될 수 있다. 천연두나 우두 접종은 시행 초기에 기존의 의학으로서는 받아들일 수 없을 정도의 큰 혁신이었다. 이런 점에서 예방접종이라는 기술은 완전히 새로운 것이었다.

천연두와 우두 접종은 예방을 추구하는 것이기 때문에 확률을 계산하는 것이 필수적이었다. 통계학은 수학을 근간으로 하기에 이러한 계산을 가능케 했다. 수학은 천연두와 우두 접종을 합리성의 영역에 통합되도록 했다. 또한 예방접종은 기존 의학으로서는 상상할 수 없는 것이었는데도 결국 주요 의료행위로 자리 잡게 되었는데 이는 예방접종이 안전장치에 통합되었기 때문이다.

예방접종이 안전장치에 통합되었다는 것은 어떤 의미인가? 안전장치의 차원에서 식량난은 막으려 할 것이 아니라 저절로 없어지도록 만드는 것이 관건이었다. 마찬가지로 천연두 접종은 천연두를 억제하려는 것이 아니라 오히려 걸리게 하는 것이었다. 즉 인위적인 감염을 통해 약한 병을 먼저 얻고 이것으로 나중에 걸릴 수 있는 천연두를 막는 것이다. 천연두와 관련한 안전장치 수준의 대처는 페스트에 대한 규율적 대처와 비교하면 파악하기가 더 쉽다. 규율체계는 병자를 고치는 것을 목표로 한다. 이를 위해 병자와 병에 걸리지 않은 사람을 공간적으로 분할하는 기술을 실행한다. 그러나 천연두 및 우두 접종의 경우 사람들을 분할하는 것은 문제가 아니다. 병자와 비병자가 아닌, 모두를 아우르는 인구가 있을 뿐이다. 인구 중 병에 걸린 사람과 죽은 사람의 비율, 즉 발병률과 사망률이라는 개념이 생겼다. '정상적인'

발병률과 사망률이라는 새로운 개념은 예방접종과 함께 출현한 안전장치의 첫 번째 목표이다.

안전장치의 두 번째 목표는 정상적인 것으로 분류될 것과 그렇지 않은 것에 대한 '섬세한' 분석이다. 연령별, 지역별, 직업별 사망사례가 조사되어 그래프가 그려진다. 이에 따라 "정상적이고 총괄적인 곡선, 정상으로 간주되는 다양한 곡선이 존재하게 된다"64;100. 이 곡선으로 무엇을 하는가? 정상적인 곡선으로부터 가장 일탈한 곡선을 정상적인 곡선으로 되돌려야 한다. 예를 들어 3세 미만의 아이들이 천연두에 더 쉽게 더 많이 걸린다는 사실이 확인되면, 이 아이들의 발병률과 사망률을 어떻게 평균에 맞출 것인가가 중요한 문제가 된다. 평균은 개인들 때문에 항상 변한다. 따라서 예방의학은 서로 다른 정상성을 차별적으로 다루고 이 정상성을 저 정상성에 맞춰 평균화하는 수준에서 작동한다.

『광기의 역사』에서 푸코는 고전적 사법체계를 나병의 사례로, 규율체계를 페스트의 사례로 설명한 적이 있다. 보다시피 이 전염병들에 대한 대처와 천연두에 대한 안전체계의 대처는 전혀 다르다. 규율체계는 규범을 중심으로 기능한다. 행동이 일어난 후, 그 행위가 규범에 따른 것인지 아닌지에 따라 정상과 비정상의 구별이 가능하다. 이 규범에 사람들이 복종하게 하는 것, 규범으로 사람들을 통제하는 것이 규율화이다. 반면 안전장치에서는 그래프 상의 분포가 규범으로 사용된다. 상대적으로 더 적합하다고 여겨지는 특정 분포에 다른 분포가 맞추어져야 한다. 규범이 정상화를 규정하는 것이 아니라 정상화가 규범을 도출해내는 것이다.

도시와 안전장치

지금까지 강의에서 푸코는 도시, 식량난, 전염병의 세 가지 예를 들었다. 이 모든 현상은 도시에서 벌어지는 현상이다. 도시는 시장이자 물자가 부족할 때 반란이 일어나는 장소이기도 하고, 전염병의 발발지이기도 하다. 과연 도시 문제는 다양한 안전메커니즘 사례의 핵심이다. 푸코는 18세기 중엽을 시작으로 복잡한 안전테크놀로지에 대한 견해가 출현한 이유가 도시 때문이라고 본다. 도시로 인해 새로운 정치적·경제적 문제가 야기되고 이에 따라 통치기술의 문제가 제기되기 시작했다는 것이다. 도시가 제기한 문제들은 무엇인가?

(1) 도시는 봉건시대에 나름의 자율성을 가졌다. 도시는 영토 중심의 봉건 권력에서 자치권을 행사하던 구역이자 조직이었다. 그런데 17~19세기에 "도시를 권력의 중심 메커니즘 내부로 통합하기, 영토의 문제보다도 우선해 도시가 일차적인 문제가 되도록 만든 역전이"가 발생한다66;102. 도시가 제기한 이 문제, 쉽게 말해 '어떻게 도시에 주권을 행사해야 하는가?'에 답하기 위해서는 새로운 권력메커니즘이 필요했다.

(2) 전통적인 정치적 문제는 영토와 군주의 안녕이었다. 즉 '특정한 영토에서 주권자의 권력이 위협받지 않으려면 어떻게 해야 하는가?'가 중요한 정치적 문제였다. 그런데 도시, 식량난, 전염병의 사례를 통해 확인할 수 있는 것은 순환과 인구의 안전이라는 새로운 문제가 등장했다는 것이다.

(3) 사법메커니즘 및 규율메커니즘에는 상하 복종관계나 귀속 관계가 있다. 개인은 주권자에게 복종해야 한다는 전제가 있는 것이다. 반면 안전메커니즘에서는 수직적인 축이

없고 "물리적 과정", "자연적 과정", "현실의 요소"[67;104] 등에 접속된다. 현실에 법을 적용하거나 금지하거나 소거하는 것이 아니라, 현상이 수용 가능한 한도로 국한되도록, 현상 스스로가 부정적인 부분을 제거해 가게 하는 것이다.

통치 대상으로서의 인구의 개념

사법메커니즘과 규율메커니즘으로부터 안전메커니즘으로의 통치메커니즘의 변화에서 가장 주목할 만한 것은 새로운 통치 대상이 출현했다는 것이다. 그 대상은 바로 인구이다. 푸코는 인구라는 개념이 18세기에 등장했다고 말하는데, 이는 통치 대상으로서의 인구 개념을 말하는 것이지, 이 단어 자체가 이전에 없었다고 말하는 것은 아니다. 그에 따르면 이미 17세기 중상주의에 있어 인구는 중요한 것이었는데, 중상주의자들이 목표로 하는 국력이나 생산력 증진은 곧 인구의 증대와 동일시되었기 때문이었다. "인구를 본질적으로 생산력이라고 간주한 사람들은 중상주의자들이나 관방주의자들이었다. 물론 인구가 규율메커니즘에 따라 효율적으로 훈육되고, 분할되며, 분배되고, 고정된다는 조건 아래에서 그렇다. 인구, 부의 원리, 생산력, 규율적 통제, 이 모든 것이 중상주의자들의 사유, 계획, 정치적 실천 내에서 구체화된다"71;109~110. 이러한 관점에서 인구는 "주권자의 의지에 복종해야만 하는 온순한 의지들의 집합"으로 여겨졌다71;111.

그런데 18세기부터 이제 인구는 자연적인 절차들의 집합으로 파악된다. '자연적인 절차들의 집합'으로 파악된다는 것은 어떤 의미인가? 무엇보다도 인구는 주어진 물체 같은 것으로 여겨지지 않는다는 것을 의미한다. 인구는 다양한 변수에 의존하는 소여이다. 변수는 참으로 다양하다. 혼인, 상속, 양육 등의 관습 및 법률, 식량 사정 등등. 인구는 자연적 현상 같은 것, 자연성을 지니는 것으로 드러난다. 18세기의 중농주의자들은 인구가 "변형의 동인과 기술에 늘 열려있는 것"73;114처럼 여기고 설명하고 분석하고 계산하려고 했는데, 이는 인구의 자연성이라는 관념이 암암리에 전제되고 있음을 보여준다.

인구는 서로 다른 개인들의 집합이기 때문에 완전히 예

측가능하지 않지만, 전체로서는 예측가능하다. 인구는 어떤 원인에 의해 변동하는가? 그것은 욕망이다. 애덤 스미스의 가설을 떠올려보자. 개인은 각자의 이익을 추구한다. 그러면 '자연히' 전체의 이익이 증가한다. 여기에서 이익의 자리에 욕망을 넣어보자. 욕망은 자유롭게 움직이면서 다양하게 관계를 맺게 된다. 그리고 특정 수준에서는 조절될 수도 있다. 인구의 집단적 이익은 욕망을 통해 생산된다. 욕망의 자연성은 인구의 특징이다. 인구는 자연성을 갖지만 이것을 관리하는 수단은 인위적일 것이다.

이러한 사고방식은 주권자 중심의 사고와는 다르다. 주권자는 개인과 개인의 욕망에 대해 아니라고 말하는 존재이지만, 이제 중농주의자들은 "어떻게 그러라고 말할지, 개인들의 욕망에 대해 그러라고 어떻게 말할 수 있는지가 문제"[75;117]라고 생각한다. 이러한 사고방식은 공리주의와도 통한다. 공리주의의 공리는 곧 자기애와 욕망을 적극적으로 인정하고 이를 통해 이로운 효과를 얻는 것이다.

인구의 자연성이 갖는 또 다른 면을 살펴보자. 인구라는 관념은 인간을 하나의 생물종이자 공중으로 가정한다. 공중이라는 개념은 의견, 행동방식, 몸짓, 습관, 두려움, 선입견, 요구 등의 관점에서 인구를 파악하는 것으로 교육, 캠페인, 신념 등에 의해 영향을 끼칠 수 있는 존재로 여기는 것이다. 종으로서의 인구와 공중으로서의 인간은 새로운 현실 영역을 연다. 이 영역은 권력메커니즘과 관련되는 영역이면서, 그 내부에서 사람들이 행위하는 공간이다.

인구와 같은 계열의 지식

중농주의자들의 인구를 둘러싼 발상은 일련의 새로운 지식의 장을 연다. 일단 정치의 영역에서는, 군주의 군림은 통치로 대체되면서 근대적인 의미에서 정치라고 불릴 수 있는 장이 열린다. 이 문제는 본 강의에서 푸코의 중심적 주제이므로 이후의 논의를 기대하고 여기에서는 넘어가자.

부의 분석은 정치경제학으로 대체된다. 17세기까지 문제였던 것은 부의 양을 세고, 통화의 흐름을 파악하고 유지하는 것 등이었다. 그러나 인구라는 새로운 주체이자 객체가 등장했을 때, 생산자, 소비자, 소유자, 이윤 창출자 등등의 경제적 실천이 문제가 되어 정치경제학이라는 새로운 지식의 영역이 열리게 되었다. 특히 맬더스와 마르크스의 사례는 정치경제학에 있어 인구가 중심적 문제임을 보여준다.

한편 생명체를 분류하여 일람표에 배치하는 역할을 했던 박물학은 생물학으로 대체된다. 생물학은 이제 유기체의 내적 구성을 분석하고 나아가 유기체와 생명환경의 구성적·조정적 관계를 연구한다. 이를테면 라마르크는 유기체의 형성에 환경이 어떤 영향을 미치는지를 알고 싶어 했다.

일반문법은 역사문헌학으로 이행했다. 일반문법은 말하는 주체 일반이 표상과 어떤 관계를 맺는지를 연구하는 학문이다. 반면 역사문헌학은 인구와 언어의 관계를 밝히는 연구이다. 즉 집단적 주체로서의 인구가 역사 속에서 언어의 고유한 규칙성에 따라 어떻게 언어를 변화시켰는지를 알아내는 것을 목표로 한다. 주체-인구의 도입이 이러한 이행을 가능케 한 것이다.

요컨대 이러한 학문의 이행, 지식체계 변동의 동인은 인구의 도입이다. 푸코는 다음과 같은 말로 세 번째 강의를 마친다.

인간을 생명체, 노동하는 개인, 말하는 주체로 분석하는 인간
과학을 통해 [등장한] 인간이라는 주제는 권력의 상관물이자
지식의 대상으로서의 인구의 출현으로부터 이해되어야만 한
다. 결국 19세기의 이른바 인간과학에 의해 사유·정의되고,
19세기의 휴머니즘에 의해 고찰된 바대로의 인간은 인구의
일면에 해당한다80~81;129.

4강
통치, 인구, 통치성에 대한 소묘

1978년 2월 1일

3강까지 푸코는 안전장치의 특성에 대해 강의했다. 도시, 식량난, 전염병을 다루는 방식의 변화를 통해 사법 및 규율 장치와 안전장치의 차이를 보여주었다. 3강의 말미에서는 '인구'라는 '통치' 대상의 대두가 제기되었다. 4강에서는 통치의 문제가 본격적으로 다루어진다.

마키아벨리의 통치론

푸코에 따르면 통치와 관련된 담론이 등장한 것은 16세기이다. 이 시기에, 군주가 해야 할 일에 대한 조언과는 사뭇 다른 담론들이 나타났는데, 즉 스토아주의의 전통에서 자기 자신의 통치 문제, 크리스트교의 맥락에서 영혼과 행실의 통치 문제, 교육학에서 제기된 유아의 통치 등의 문제가 나타났다. 물론 정치적인 맥락에서의 통치의 문제도 제기되었다. 푸코는 국가의 통치에 집중하되, 이 문제를 텍스트를 통해 파악하고자 한다. 즉 16세기에 통치와 관련된 다른 많은 텍스트들과 대립하며 그 텍스트들의 부정하는 논점을 제시하는 문제적 텍스트를 취하여 여타의 텍스트들과 비교함으로써 16세기의 통치 담론을 분석하는 것이다. 이 문제적 텍스트는 바로 마키아벨리의 『군주론』이다.

마키아벨리에 반대하는 문헌들은 『군주론』에서의 군주를 다음과 같은 존재로 재구성했다. 첫째, 『군주론』에서 군주는 상속이나 정복을 통해 얻은 자신의 공국에 속하지 않는다. 군주는 공국에 대해 외재적이다. 둘째, 군주는 공국을 두고 안팎에서 끊임없이 공격을 받는다. 이는 군주와 공국에 어떤 근본적인 연관이 없기 때문이다. 셋째, 권력행사의 목적은 공국을 유지하고 강화하고 보호하는 일이어야 한다. 이때 공국은 신민과 영토의 총체가 아니라 자신이 소유한 영토와 자신에게 복종하는 신민들과 맺은 관계이다. 그러므로 군주는 영토나 주민을 보호하는 것이 아니라 관계로서의 공국을 보호해야 한다. 요컨대 마키아벨리에게 있어 통치의 목표는 군주와 공국의 관계이다.

반마키아벨리적 통치론

푸코는 1567년에 쓰인 라 페리에르의 『정치의 거울』을 『군주론』에 대립하는 대표적인 반마키아벨리 문헌으로 꼽는다. 라 페리에르는 『정치의 거울』에서 위에서 재구성된 마키아벨리의 입장과 대립하여 통치의 개념을 제시하는데, 그 내용은 다음과 같다. (1) 통치는 군주와 공국의 단일하고 외재적인 관계가 아니라 통치자와 국가의 복수적이고 내재적인 관계이다. 우선 통치가 복수적이라는 것은 국가에 대한 군주의 통치는 유일한 통치가 아니라 다수의 통치 중 하나일 뿐임을 의미한다. 게다가 정치의 영역에 속하는 국가의 통치는 도덕이나 경제 등 다른 영역과 완전히 구분되어 행사되는 것도 아니다. 국가에 대한 통치는 가정에 대한 통치와 연속적이다. 가정을 지혜롭게 통치한다는 것에는 가장이 가족과 고용인을 잘 다스리고, 가산을 늘리며, 인척관계를 적절하게 다루는 것 등이 포함된다. 국가를 통치하는 것은 이러한 가정 통치를 국가의 수준에서 하는 것과 같다.

(2) 마키아벨리에게서 군주의 권력이 상대하는 것은 영토와 주민이다. 반면 라 페리에르에게서 통치의 대상은 사물이다. 또는 인간과 사물의 관계라고 말할 수도 있다. 즉 통치가 인간을 대상으로 한다는 것이 틀린 말은 아니지만 이 인간은 영토뿐만 아니라 기후, 가뭄, 풍요, 풍속, 행위와 사유의 방식 등의 사물 또한 기근, 전염병, 죽음 등의 사고와 관계 맺고 있는 인간이다. 통치자가 이러한 사물들을 잘 다루어야만 주민들 또한 잘 책임질 수 있을 것이다.

(3) 군주는 공동선共同善을 목적으로 하는 반면 통치는 사물 각각을 적절한 목적에 따라 배치한다. 라 페리에르의 관점에서 인간에게 법을 부과하여 공동선을 목적으로 하는 것은 중요하지 않고, 사물을 배치하는 것이 중요하다. 이런 관점에 따라 법의 중요성은 감소한다. 법은 배치의 수단들 중 하나일 뿐이며, 다양한 수단을 통해 다양한 목적을 달성할 수

있도록 사물을 배치하는 것이 중요하다.

(4) 통치자는 군림하는 존재가 아니다. 진정한 통치자는 인내, 지혜, 근면함을 갖추어야 한다. 힘을 과시하며 분노하는 대신 인내해야 하고, 사물을 배치할 수 있는 지혜가 있어야 하며, 가족보다 먼저 일어나고 늦게 잠드는 가장처럼 부지런해야 한다.

통치술의 탄생과 인구

통치술에 대한 인식은 이와 같이 16세기부터 있었지만 17세기에도 통치술이 충분히 발휘된 것은 아니다. 관념과 현실이 일치하지 않았기 때문이다. 통치술에 대한 관념은 주권과는 조화를 이루지 않는다. 그러나 17세기까지 주권자를 중심으로 하는 사유는 여전했다. 중상주의는 국가에 대한 지식을 구축하기 시작했고 이러한 지식을 통치에 이용할 수 있었다. 그렇지만 중상주의자들은 여전히 주권자의 힘을 키우기 위해 국부를 늘리는 방법을 찾았다. 여전한 또 하나의 관념은 국가를 가족과 같은 것으로 생각하는 것이었다.

가족 모델은 국가의 통치에 비하면 너무 편협하고 일관성이 없어서 국가 단위로 확대되기에 적합하지 않았다.

그러나 18세기에 들어 결국 통치술의 장애물은 제거되었다. 장애물이 제거된 과정은 복합적이고 미묘하지만 한마디로 말하자면 인구 문제의 대두와 관련 있다. 어떻게? 통계는 인구에 고유한 규칙성이 있다는 것을 발견하여 보여주게 되었다. 사망자 수, 병자의 수, 사고의 규칙성 등등. 인구관련 현상을 수량화할 수 있게 되면서 가족이라는 틀로는 환원되지 않는 인구만의 고유한 특수성이 발견되었다. 이와 함께 가족은 인구 내부의 한 요소, 기초 단위로 재배치되고, 가족에 적용되었던 경제라는 개념은 인구라는 넓은 개념에 적용되게 된다. "18세기에 이뤄진 … 주권의 구조에 의해 지배되는 체제에서 통치의 기술에 의해 지배되는 체제로의 이행은 인구를 중심으로, 따라서 정치경제학의 탄생을 중심으로 이뤄졌다"[109;160].

인구는 통치의 목표이면서 수단이다. 통치는 인구의 조건을 개선하고, 부, 수명, 건강 등을 증진시키기 위해 직접적으로든 간접적으로든 출생률이나 사망률, 지역별 분포 등을

조정한다. 이런 점에서 "인구는 욕구와 열망의 주체이면서
도 또한 통치의 손아귀에 놓인 대상"[109;159]이다. 개인의 이익
과 인구의 이익을 연결시키는 기술은 완전히 새로운 것으로
서, 이것이 바로 통치술의 핵심이다.

통치성의 의미

보다시피 4강의 내용은 통치로 채워져 있다. 강의의 말
미에서 푸코는 고백한다. "한마디만 덧붙이고자 한다. 올해
강의에 더 정확한 제목을 부여하려 했다면 나는 '안전, 영
토, 인구'라는 제목을 선택하지 말았어야 했다. 내가 진정으
로 하고 싶었고, 실제로 지금 하고 싶은 것은 '통치성'의 역
사라고 부를 수 있는 어떤 것이다"[111;162]. 통치는 4강의 주제
이기만 한 것이 아니라 1977~1978년 강의 전체의 주제인 것
이다.

통치성이란 무엇을 의미하는가? 첫째, 통치성은 "인구
를 주요 목표로 설정하고, 정치경제학을 주된 지식의 형태
로 삼으며, 안전장치를 주된 기술적 도구로 이용하는 지

극히 복잡하지만 아주 특수한 형태의 권력을 행사케 해주는 제도, 절차, 분석, 고찰, 계측, 전술의 총체"를 의미한다 111;162~163. 둘째, 통치라고 불릴 수 있는 권력 유형이 다른 권력 유형보다 우위가 되도록 유도해간 경향을 통치성이라고 부른다. 셋째, 중세의 사법국가가 15~16세기의 행정국가로 변하고 다음으로 '통치화'가 이룩되는 절차와 그 결과가 통치성의 마지막 의미이다.

통치성과 국가

푸코는 통치성에 입각해서 국가를 이해해야 한다고 주장한다. 오늘날 정치영역에서 가장 뜨거운 관심사는 아무래도 국가이고, 여전히 국가를 단일하고 본질적인 실체로 보는 관점이 있는 것도 사실이다. 푸코의 관점에서 국가는 그처럼 중요하지도 않고 실재였던 적도 없다. 그에 따르면 우리는 18세기에 발견된 통치성의 시대에 살고 있다. 국가 또한 통치성의 효과에 다름 아니다. "통치의 전술이야말로 국가에 속해야 할 것과 속하지 말아야 할 것, 공적인 것과 사적인 것, 국가적인 것과 비국가적인 것 등을 매 순간 정의해 준다"112~113;164. 국가는 통치성의 일반적 전술에 근거해서 이해할 수밖에 없다.

　4강은 여기에서 끝난다. 4강에서 푸코의 강의는 선회한다. 3강 중반까지 푸코는 안전장치의 특성에 대하여 이야기 했었는데, 3강의 말미에서 인구에 대하여 강의할 때부터 '통치'에 대한 내용을 이야기하기 시작했다. 4강에서 푸코는 마키아벨리를 둘러싼 논쟁을 통해 16세기에 발아한 통치 개념에 대한 역사적 정의를 이끌어 냈다. 마침내 그는 강의의 주제가 '통치성의 역사'라고 수정하고, 5강부터는 이를 본격적으로 다룬다. 앞으로 이어지는 강의는 5강~8강은 '사목'. 9강~11강은 '국가이성', 12~13강은 '내치'로 구성된다. 통치성은 어느 날 갑자기 출현한 발명품이 아니라 역사적 산물이기 때문에, 역사적 분석이 필요하다. 앞으로의 강의는 통치성이 출현하기까지 어떤 역사가 있었는지가 분석된다.

5강
동방에서 유래한 사목권력의 의미

1978년 2월 8일

5강부터는 통치성의 역사가 다루어질 것이다. 본격적인 탐구에 들어가기에 앞서 몇 가지 짚고 넘어갈 것이 있다.

왜 통치성을 연구하는가?

단적으로 말해서 국가와 인구의 문제를 다루기 위해서이다. 그렇다면 왜 이 문제를 통치성이라는 개념을 통해서 다루어야 하는가? 푸코는 이전의 다른 저서와 강의에서 군대, 병원, 감옥, 학교 등을 다루었는데, 각각을 그 내부에서 다루는 방식을 쓰지 않았다. 푸코는 제도 밖에서 권력의 테크놀로지라는 훨씬 포괄적인 관점으로 제도를 파악하려 했다. 감옥에 대한 연구는 감옥의 기능에 대한 연구가 아니라 감옥을 권력의 일반적인 효과에 배치해서 보는 것이었다. 또한 제도를 특정하게 고정된 대상으로서 보려는 관점에 반대하며 유동적인 테크놀로지를 통해 진리의 대상과 영역을 구성하는 운동으로서 파악하려 했다. 요컨대 제도로부터 권력관계를 도출하고, 권력의 테크놀로지가 어떻게 대상과 지식을 구축하는지를 파악하려 했다. 제도중심주의로부터 외부로의 중심의 이동이다.

그런데 이제 통치성의 개념을 통해서 그가 추구하는 것은 외부로의 이동을 확장하는 것이다. 국가 밖으로 나가는 것은 어떤가? 가능한가? 이 물음이 제기되는 것은 푸코의 작업 전체를 보면 당연해 보인다. 병원, 감옥 등의 각 제도에서 발견되는 일반적인 규율이 그 내부에서 추출되는 것이 아니라면 그 최종심급은 결국 국가라고 볼 수 있기 때문이다. 게다가 각 제도의 안팎을 유동하는 테크놀로지를 전체적인 틀에서 파악하는 것도 필요하다.

푸코는 이제 다음과 같이 강의 전체의 논점을 밝힌다. 이

부분은 중요한 부분이므로 푸코의 말을 직접 들어보도록
하자.

그러니까 내가 올해 하려는 강의의 쟁점은 이런 것이 될 것이
다. 근대 서구에서 이성과 광기가 맺은 관계를 검토하며 수용
과 격리의 일반적 절차를 문제 삼으려고 정신병원·치료법·
분류의 배후로 들어갔듯이, 감옥과 관련해서 권력의 일반경
제를 찾고자 좁은 의미의 감옥제도 배후로 들어가려고 했듯
이, 국가에 대해서도 똑같이 방향을 전환할 수 있는가? 밖으
로 나오는 것이 가능한가? 근대 국가를, 근대 국가의 변이, 발
전, 기능을 확보했다고 하는 일반적 권력테크놀로지 안에 재
배치시키는 것이 가능한가? 정신의학에서의 격리기술, 형벌
체계에서의 규율기술, 의학제도에서의 생명관리정치처럼 국
가와 '통치성'의 관계를 말할 수 있는가? 이것이 대체로 이 강
의의 쟁점이다123~124;174~175.

이어서 푸코는 통치라는 단어가 어떻게 쓰였는지를 나열
하고, 통치는 인간에게 행해진다는 결론을 도출한다. 그런

데 인간이 통치된다는 관념은 그리스적인 것이 아니라 그리스도교 이전과 이후의 동방_{이집트, 아시리아, 메소포타미아, 히브리 등}에서 비롯된 것이다. 인간에 대한 통치에는 두 가지 형태가 있는데, 하나는 사목권력_{司牧權力}이라는 형태이고, 다른 하나는 양심지도 또는 영혼지도라는 형태이다. 사목권력은 8강까지 다루어진다.

사목의 세 가지 특성

(1) 사목권력은 고정적인 영토에 행사되는 것이 아니라 유동적인 무리에게 행사되는 권력이다. 그리스 신은 성벽 내부에 있는 영토적인 신이다. 이에 반해 이집트와 히브리 등의 신은 백성이 도시나 초원, 목초지를 떠나는 이동을 할 때 선두에 서서 길을 인도한다.

(2) 사목권력은 선행_{善行}하는 권력이다. 그리스와 로마에서도 선행은 권력의 특징이기는 하나 유일한 특징이 아니라 정복능력, 부와 영토의 축적 등의 다른 요소 등과 같은 다른 많은 특징들 중 하나일 뿐이다. 반면 사목권력은 전적으로

선행에 의해 정의된다. 목자는 양떼와 양 한 마리 한 마리를 배려하며, 주위를 경계하고, 무리를 벗어난 양을 찾아나서고, 부상당한 양들을 치료한다. 목자는 열성적이고 헌신적이며, 부단히 전념해야 한다. 그는 자기 자신이 아니라 오직 양떼의 고통과 행복을 무겁게 책임지는 자이다. 유대인들을 이끄는 모세는 목자 출신이다.

(3) 사목권력은 전체와 개인을 동시에 상대한다. 목자는 가축 떼를 돌보지만 가축 하나하나를 위해서도 전력을 다한다. 여기에 목자의 역설이 있다. 만일 양 한 마리가 무리를 벗어나면 목자는 이 양을 찾아나서기 위해 무리를 방치해야 하는가? 아니면 무리를 위해 길 잃은 양을 포기해야 하는가? 모세는 한 마리를 위해 나머지 무리를 포기하는 데 동의했다. 모세는 잃었던 양을 찾았고, 그 순간 이를 통해 희생시키기로 했던 나머지 가축이 상징적으로 구제되었다는 것을 알았다. 전체를 위해 하나를 희생하고 하나를 위해 전체가 희생하기. 이 역설은 사목에 대한 그리스도교적 틀에서 중요한 문제이다.

푸코는 사목권력의 관념이 동방에서 유래한 것이 의미심

장하다고 생각한다. 그리스에도 로마에도 없던 사목권력 관념이 유럽에 들어온 시점은 그리스도교가 유럽에 전파된 때이다. 중세 이후 유럽인들은 그리스인들과는 다르게 수천 년 동안 목자를 갈구하고 자신을 양떼 속의 한 마리 양으로 여기는 법을 배워 왔다. 사목권력은 서구의 가장 특징적인 관념이면서도 동방에서 유래한 관념이다.

6강
그리스도교에서의 사목권력의 역사

1978년 2월 15일

5강에 이어서 사목권력이 계속 논의된다. 먼저 그리스에서의 사목 개념이 이야기되고, 이어서 이와 대비되는 그리스도교의 사목 개념이 이야기된 후, 그리스도교의 사목 개념에서 비롯되는 영혼의 인도로서의 통치 개념이 이야기된다. 앞으로 7강까지 사목권력의 역사가 분석되고, 8강에서 사목에 대항하는 운동이 다루어지면서 사목권력에 대한 이야기는 마무리된다.

그리스에서의 목자 - 무리 관계

푸코는 목자-가축 떼 모델이 그리스가 아니라 동방에서 비롯된 것이라는 점에 대한 반론이 있을 수 있음을 의식하고 그리스 문헌을 검토하기로 작정한다. 목자-무리 관계가 다루어진 그리스의 문헌은 세 부류로 나눌 수 있는데, 호메로스 전통, 피타고라스학파의 전통 그리고 정치서라고 불릴 만한 문헌이 그것이다. 푸코의 관심은 정치적인 맥락에서의 목자 비유를 찾는 것이므로 호메로스나 피타고라스 학파의 전통은 여기에서 적극적으로 접근할 필요가 없다. 고대 그리스의 정치서에 보기 드물게 목자의 비유가 실린 책은 바로 플라톤의 작품이다.

플라톤의 몇몇 저서에서 목자는 인간을 돕는 신이나 행정관의 비유로 등장한다. 그러나 푸코가 예외적이라 평가한 저서는 『정치가』이다. 『정치가』의 목표는 도시국가의 지도자, 즉 정치가를 정의하는 것이며, 이 텍스트에는 정치가의 역할이 목자의 역할에 비유될 수 있는지에 대한 검토가 포함되어 있다. 다음과 같은 이유로 플라톤은 목자가 정치가의 좋은 비유가 아니라고 생각한다. 우선 한 무리를 이끄는 목자는 여럿이 아니라 한 명인 데 반해, 도시국가에서 식량을 조달하고, 치료하고, 가르치는 사람은 다수이다. 이렇게 보자면 정치가는 농민이나 빵집 주인과 경쟁하는 관계에 있거나 아니면 그들과는 완전히 다른 영역의 활동을 하는 자여야 한다. 물론 정치가는 전자가 아니다. 둘째, 목자는 신의 대리인으로 가정되곤 한다. 즉 크로노스가 다스리던 지복의 시대가 끝나고 신이 인간을 직접적으로 돕지 않는 시대에 정치가-목자는 신을 대신하는 존재라는 것이다. 플라톤은 이 가정에 대해 반론을 편다. 신은 인간 무리에 속하지 않고 그 위에 있지만 정치가는 인간의 일부이다.

그러므로 목자의 비유는 좋은 비유가 아니다. 플라톤은 정치가의 역할은 직조공의 역할과 같다고 주장한다. 직조공이 씨줄과 날줄을 엮어서 천을 만드는 것처럼 정치가는 다양한 영역의 요소들을 엮어서 공동체를 결합시킨다. 도시국가에 사목 활동이 없는 것은 아니지만 그것은 의사나 교사 등의 활동이지 정치가의 활동은 아니다. 목자의 사소하고 세밀한 명령은 소규모 공동체에 어울리지, 도시국가의 왕의 명령으로는 어울리지 않는다.

그리스도교의 사목권력 역사

푸코의 핵심은 명확하다. 그리스의 고전에서 목자 모델은
긍정적으로 평가되지 않았다. 사목권력의 관념은 동방, 히
브리에서 비롯되었으며, 이 관념은 그리스도교와 함께 서구
에 확산되었다.

푸코는 서구에서 사목권력의 역사를 교회라는 제도가 생
긴 때인 2~3세기부터 18세기까지 1,500년 동안으로 파악한
다. 물론 이 오랜 시기 동안 사목권력이 불변적인 구조로 있
었다는 것은 아니다. 사목권력은 "그것에 호의적이거나 반
발하는 피로 얼룩진 혼란·저항·불만·투쟁·전투·전쟁의
강렬함과 다양성"[152;214]의 역사를 지닌다. 특히 13세기부터
18세기까지의 종교전쟁은 사목권력을 둘러싼 전투라고 할
수 있다. 그렇다고 해서 이 전투가 사목을 제거한 것은 아니
었다. 오히려 사목권력을 두 유형으로 강화하는 결과를 낳
았다. 한 유형은 개신교 유형이며 다른 한 유형은 중앙집권

적인 가톨릭적 유형이다. 푸코에 따르면 종교전쟁의 핵심은 누구에게 어떻게 통치를 받을지에 관한 격렬한 논쟁이었다.

영혼의 통치

푸코는 항상 남들이 하지 않았거나 하지 않을 방식으로 역사에 접근한다. 사목의 역사를 다룰 때에도 그는 역시 사목의 특성의 변화에 대한 연대기적 접근을 하기보다는 사목과 관련된 기술의 역사, 사목 기술에 대한 성찰의 역사, 사목권력 행사에 대한 상이한 분석과 지식 유형의 역사에 초점을 맞춘다. 중세의 문헌을 통해서 알 수 있는바, 사목은 '영혼의 통솔', '영혼의 통치'로서 기술 중의 기술이었다. "사목이라는 이 기술을 통해 어떤 사람들은 타인을 통치하는 법을 배웠고 또 어떤 사람들은 누구에게 통치를 받아야 하는지를 배웠다. 서로 행하는 통치 활동, 일상적 통치 활동, 사목적 통치 활동, 바로 이것이 1천5백 년 동안 학문 중의 학문, 기술 중의 기술, 지식 중의 지식으로 고찰됐던 것이다"[154;217].

영혼의 통치술은 서구 그리스도교의 전통 내의 것으로 히브리인들의 사목 관념과는 다른 고유한 점이 있다. 고대 유대교의 신은 목자였지만, 가끔은 목자와는 사뭇 달랐다. 분노한 신은 무리를 등지거나 벌주거나 방치하기도 했으니 말이다. 또 히브리 사회에서 유일한 예외인 다윗 왕을 제외하고는 제도화된 사목을 찾을 수는 없다. 신만이 진정한 목자이며 인간은 목자로 칭해지지 않았다.

반면 그리스도교 교회에서 목자와 무리의 관계는 신과 인간 관계의 유일한 비유가 된다. 그리고 다른 모든 관계는 신과 인간의 관계로부터 도출되어 제도화된다. 푸코는 소교구가 만들어지고 난 다음 주임사제 역시 목자인지에 대한 논쟁을 소개한다. 주임사제가 목자이든 아니든 어쨌든 중요한 것은 교회의 조직 전체가 사목제도의 체제를 취하고 있다는 점이다. 이와 더불어 교회의 모든 권력은 무리에 대한 목자의 권력으로서 부여된다.

또 하나 사목권력의 본질적인 특징은 그리스도교 시대 내내 그것이 정치권력과는 분리되어 있었다는 점이다. 사목권력은 영혼을 통치하는 권력이었지만, 영혼의 교화만을 하지는 않았다. 교회는 개인과 집단의 재산이나 건강 등에 관여를 했고, 이러한 관여를 통해서 개인의 영혼을 돌보았다. 그렇지만 사제는 행정관도 왕도 아니었다. 교회의 사목권력과 정치권력은 충돌하기도 하고 간섭하기도 하고 상호 지지하기도 했지만, 18세기까지 정치권력과는 다른 것으로서 발휘되었다. 그리스도교 서구에서 정치권력과 사목권력은 각각의 고유성을 보존하면서 병존했다. 이것이 바로 유럽만의 특징이다. "서구의 주권자는 그리스도가 아니라 카이사르이다. 서구의 목자는 카이사르가 아니라 그리스도이다"[159;228].

7강
사목권력의 세 가지 특징

1978년 2월 22일

7강에서도 사목권력에 대한 강의가 이어진다. 주요 내용은 세 가지 사목권력의 특징이다.

히브리, 동방의 사목과 다른 그리스도교 사목의 특수성

서구의 사목이 그리스가 아니라 동방에서 비롯된 것이긴 하지만, 동방의 사목 관념과 서구 그리스도교의 사목 관념 사이에는 차이가 있다. 무엇보다 히브리에는 찾을 수 없는 사목 제도가 서구에는 있다. 히브리에서 목자는 신이었을 뿐이며, 사회 및 정치 영역에 출현하는 존재는 아니었다. 서구에서 사목의 제도화는 교회 내지는 그리스도교 공동체와 같은 외연을 갖는다.

또한 "그리스도교에서 사목은 인간을 인도하고 지휘하며 이끌고 안내하고 손을 내밀어 조종하는 기술, 인간을 뒤따라 다니며 한 걸음 한 걸음씩 앞으로 밀어붙이는 기술"이며 "이렇게 집단적이고도 개별적으로 인간의 일생에 걸친 매 단계를 책임지는 역할을 하는 기술"이다[168;230]. 다시 말해서 사목은 인간을 일생에 걸쳐 특정한 방향으로 인도하는 기술이다. 그리스도교 사회는 사목의 기술을 가장 잘 발달시킨 사회이다. 푸코는 사목권력이 18세기까지 유효했다고 여러 번 언급했는데, 이 시기는 앞선 강의에서 확인했다시피, 통치성이 발현되는 시기인 17세기 말부터 18세기와 겹친다. 푸코는 그리스도교의 사목으로부터 통치의 기원을 찾는다. 그러나 사목과 통치성은 같은 것이 아니며, 둘 간의 차이는 8강 이후의 강의에서 주요한 주제이다.

그리스도교의 사목의 특징: ① 구원과의 관계

푸코는 3~4세기에 쓰인 사목을 정의한 텍스트들 여러 편을 참조하여, 당시의 그리스도교가 사목을 어떻게 규정했는지를 분석한다. 그리스도교의 사목은 구원, 법, 진실과 관련하여 히브리적 전통과 구분된다. 목자는 구원의 길로 인내하고, 법을 명하고, 진실을 가르친다. 그러나 그리스도교에서의 목자를 이렇게 정의하는 것은 충분하지 않다. 저 목자의 일은 어떤 사회에서나 지도자가 하는 일이기 때문이다. 푸코가 주장하려는 것은 이 세 가지 임무에 관련하여 그리스도교가 발달시킨 사목 관념은 그리스적 전통이나 히브리·동방과는 엄연히 다른 특수성을 지닌다는 점이다.

먼저 구원과 관련하여 그리스도교의 사목의 특징을 살펴보자. 푸코는 네 가지 특징을 제시하는데, 이 특징은 5강에서 한 번 이야기되었던 목자의 역설과 관련된다. 목자의 역설은 전체와 각자를 동시에 구원해야 한다는 것이다. 여기에서 푸코는 "전적이고도 역설적으로 배분적"172;237이라고 표현한다. 전적이라는 것은 목자가 만인, 일체로서의 공동체를 구원해야 한다는 것을 의미한다. 모두를 구원하는 것이 곧 각자를 구원하는 것이다. 그런데 문제는 반드시 그런 것이 아니라, 역설적인 상황도 있다는 것이다. 전체를 구원하기 위해 한 마리의 희생을 감수해야 하는가? 전체를 위험에 빠뜨릴지도 모르는 한 마리를 쫓아내야 하는가? 한 마리를 구하기 위해 무리를 방치할 것인가? 이 문제는 이미 히브리의 문헌에 등장했다. 푸코에 따르면 그리스도교는 이 역설에 대해 네 개의 원칙을 추가했다.

(1) "분석적 책임"의 원칙[173;240]. 목자는 하루가 끝나는 때, 세계의 종말이 온 때에 모든 개별 양들을 구원했어야 한다. 즉 각 양을 수적이고 개별적으로 구원해야 한다. 그런데 이 구원이 진정한 구원이려면 각 양의 행동에 대한 질적이고 사실적인 분석이 가능해야 한다. 태만했던 목자는 양이 잘한 일과 잘못한 일에 대해 제대로 보고할 수 없을 것이다.

(2) "철저하고 즉각적인 전이의 원칙"[173;241]. 양 각자의 공덕과 과오는 곧 목자 자신의 것으로 전이된다. 그러므로 목자는 자기 양의 선을 자신의 기쁨으로 여기고, 양의 악도 자신의 것으로 생각해서 참회해야 한다.

(3) "희생의 전도顚倒"174;241. 양이 길을 잃거나 위험에 처했을 때 목자는 함께 있어야 할 뿐만 아니라 양을 대신해야 한다. 목자는 양의 죄를 대신 짊어져야 한다. 이 주제는 양심 지도와 관련해서 실질적인 문제였다. 지도받는 자가 지은 악을 전이하면, 그는 양심을 회복하겠지만, 지도하는 자의 영혼은 어떻게 되는 것인가? 그는 악의 유혹을 받거나 양심을 잃게 되는 것은 아닐까? 여기에도 역설은 존재한다. 목자는 타인을 위해 자신의 죽음을 받아들일 때 비로소 구원된다.

(4) "교대적 대응의 원칙"175;243. 목자의 공덕은 어느 정도 양의 공덕에 의존한다. 즉 양이 잘못을 저질러야 목자가 이 양을 구원하는 공덕을 쌓을 수 있다. 물론 양을 구원하기 위해 목자가 노력을 충분히 기울일 때 목자의 공덕은 있는 것이지만 말이다. 이런 점에서 양과 목자의 공덕은 교차하면서 대응한다. 다른 한편, 목자는 가능한 한 깨끗하고 청결해야 하지만, 목자가 불완전한 것이 꼭 나쁜 것은 아니다. 목자의 완벽함은 신의 관점에서는 오만일 뿐이며, 신자들에게는 위선적인 것일 수 있다. 목자가 자신의 불완전함을 인정

하고 겸손해지려 한다면 신자들에게도 좋은 본보기가 될 것이다. 요컨대 한편으로는 양의 약함이 목자의 구원을 확보해 주고 다른 한편으로 목자의 약함이 양을 교화한다.

그리스도교의 사목의 특징: ② 법과의 관계

법이라는 주제와 관련해서 중요한 것은 목자와 그를 따르는 양의 관계가 어떤 것인가 하는 점이다. 그리스인들은 법과 설득하는 웅변술, 오직 이 두 가지에 의해서만 지휘를 받았다. 그들에게는 엄밀하게 말해서 복종이라는 것이 없었다. 이와는 반대로 그리스도교의 사목은 순수한 복종이라 할 만한 것을 조직해 냈다. 푸코는 목자는 법관이 아니라는 점을 강조한다. 목자는 일반적인 법조항을 명령하는 자가 아니다. 목자는 만인에게 적용되는 신의 의지를 잘 알고 전달해야 하지만, 기본적으로 그리스도교는 신의 의지가 각각에게 미치는 종교이다. 사람마다 성향은 다른 것이라서 어떤 사람에게 이로운 것이 다른 사람에게는 해로울 수 있다. 이런 점에서 목자는 의사에 가깝다.

그렇다면 목자는 양으로 하여금 어떻게 복종하게 하는가? 목자와 양의 관계는 "전면적 의존관계"179;248라는 점에 주목해야 한다. 전면적 의존관계는 세 가지를 의미한다.

(1) 전면적 의존관계는 복종관계이나 만인이 공유하는 법이나 이성에 의해 도출된 원칙 등에 복종하는 것이 아니라 한 개인이 다른 개인에게 하는 복종이다. 수도원에는 이러한 의존이 제도화되어 있다. 수도원에 들어간다는 것은 상급자나 스승 등에 맡겨진다는 것이다. 스승은 제자를 완전히 책임지고 제자는 스승에게 완전히 복종해야 한다. 스승의 말이 불합리하거나 상식에 어긋나거나 심지어 인륜을 저버리는 것이라 할지라도 말이다. 푸코는 요하네스 수도사의 이야기를 인용한다. 요하네스는 사막 한가운데에 심어져 있는 마른 지팡이에게 매일 두 번씩 물을 주러 가라는 명령에 복종했다. 물론 이 지팡이에는 꽃이 피어나지 않았지만 요하네스는 성덕을 얻었다. 요컨대 그리스도교적 복종은 개인이 다른 개인에게 하는 전면적 복종이다. 복종하는 자는 전적으로 다른 사람의 의지에 따라야 한다. 이것이 전면적 의존관계의 의미 중 하나이다.

(2) 전면적 의존관계는 최종 목적이 없는 관계이다. 그리스인들의 경우 복종은 일정 시기 동안 어떤 대상이나 목적을 두고 하는 것이었다. 예를 들어, 누군가가 철학교사에게 복종한다면 그 자신이 언젠가 자신의 스승이 되기 위한 것이다. 그런데 그리스도의 복종은 복종의 상태에 도달하기 위한 복종이다. "복종의 상태라는 이 개념은 완전히 새롭고 특수한 것"180;253이다. 복종의 목표는 완전한 복종이다. 즉 자기 의지를 모두 포기하는 것이다.

푸코는 이를 아파테이아apatheia 개념의 비교로 설명한다. 그리스에서 아파테이아, 즉 정념情念의 부재는 수동성을 갖지 않는 것으로 정의된다. 스스로 통제할 수 없는 운동, 힘, 격정 등을 자신에게서 제거하는 것이 아파테이아이다. 스스로 통제할 수 없는 것은 자신을 신체나 세계에서 일어나는 일에 예속시키는 위험에 처하게 할 수 있다. 그러므로 그리스인들의 아파테이아는 자기제어를 보장하는 것이었다.

반면 그리스도교에게 아파테이아는 자기를 포기하는 것을 의미한다. 그리스도교에서 육신의 쾌락이 비난을 받는 것은 스토아학파와 에피쿠로스주의가 주장했던 것처럼 그

쾌락이 우리를 수동적으로 만들기 때문이 아니라, 쾌락으로 인해 나, 나의 의지, 나의 욕망 등에 관심을 갖게 되고 긍정하고 지지하게 되기 때문이다.

그리스도교의 사목의 특징: ③ 진실과의 관계

(3) 그리스도교의 사목에서의 전면적 의존관계는 법과의 관계에 이어 진실과의 관계에서 세 번째 특징을 드러낸다. 여기에서 문제는 요컨대 목자가 진실을 가르치는 문제이다. 교육자가 모범을 보여야 한다든가, 교육받는 자의 개별적인 사항을 고려하여 개별적인 방식을 취한다든가 하는 점은 그리스도교 사목만의 고유한 특징이 아니다.

그리스도교 사목만의 고유하고 새로운 특징은 다음과 같다. 그리스도교 사목의 가르침은 일상적 품행의 지도이다. 가르침은 단순히 일반적인 가르침이나 본보기를 보이는 것에 그쳐서는 안 된다. "목자는 자신이 감시하는 양떼의 일상생활로부터 사람들의 행동과 품행에 관한 지식이 될 항구적인 지식을 구축해야 한다"184;259.

또한 그리스도교 사목의 가르침은 양심지도라는 면을 갖는다. 고대 그리스에도 양심지도는 있었는데, 이는 본인의 의지를 전제로 했으며 인생의 특정 시기에 닥친 시련을 해결하기 위한 것이었다. 근본적으로 그리스인의 양심지도는 자기를 파악하여 양심을 회복하는 것, 자기제어를 위한 것이다. 반면 그리스도교의 양심지도는 스스로의 의지에 따르는 것이 아니라 의무이다. 양심지도자가 있고, 양심지도를 받아야만 한다. 또한 어떤 상황에 처해서 받는 것이 아니라, 평생을 두고 항상 받아야 하는 것이다. 그리고 양심지도의 목적은 자기를 통제하는 것이 아니라 타인에게 의존하는 것이다. 지도받는 자는 자기의 양심을 점검해서, 지도하는 자에게 '진실의 담론'[186;262]을 들려주어야 한다.

사목권력 분석의 결론

지금까지 구원, 법, 진실과의 관계를 통해서 그리스도교 사목의 특징이 이야기되었다. 그런데 당혹스럽게도 푸코는 이러한 것들이 그리스도교 사목의 '근본적이고도 본질적인'

특징은 아니라고 말한다. 다시 말해 이러저러한 방식으로 구원, 법 그리고 진실과 사목이 관계를 맺는다는 것이 사목의 근본적인 특징인 것이 아니라, 이러한 관계를 통해 형성된 어떤 효과가 있는데, 그것이 그리스도교 사목만의 고유한 특징이라는 것이다. 그렇다면 그리스도교 사목의 근본적이고 본질적인 특징은 무엇인가?

(1) 첫째 특징은 "그리스도교의 핵심, 독창성, 특수성을 이루는 것은 구원, 법, 진실이 아니라 공덕과 죄과의 새로운 관계, 절대적 복종, 숨겨진 진실의 생산"[186;263]이다. 공덕과 죄과의 새로운 관계, 절대적 복종, 숨겨진 진실의 생산은 무엇을 의미하는가?

① 공덕과 죄과의 새로운 관계가 무엇인지 이해하기 위해 구원과의 관계에서의 사목의 특징을 다시 한 번 환기해 보자. 목자는 무리를 전체적으로 책임지는 동시에 개별적으로 책임져야 하고, 각 양에 대해 질적이고 사실적인 분석을 해야 한다. 또한 양의 공덕이나 과오는 목자 자신의 공과로 전이된다. 그렇다면 결국 목자의 일은 여기부터 저기까지라고 한정할 수가 없는 무한한 것이 되며, 구원은 명확하게 확

신할 수 없는 것이 되고 만다. 따라서 구원의 가능성은 신의 수중에만 있다. 목자는 최종적인 확신은 하지 못한 채 공덕과 죄과가 뒤바뀌고 돌고 도는 도정을 관리해야 한다. 요컨대 그리스도교 사목은 구원이라는 문제를 일반적인 주제로 취하면서 목자가 무리와 개별자를 이끌고 개입하고 분석하고 관리하는 기술을 개발한 것이다.

② 절대적인 복종. 그리스도교 사목은 법을 만들고 복종하는 수단이 아니라, "법과의 간접적인 관계를 통해 개별적이고 망라적이며 총체적이고 항구적인 유형의 복종관계를 창출"186;262 했다.

③ 마지막으로 진실과 관계하여 사목의 새로운 특징은 진실을 가르치고 받아들이게 하는 데 있는 것이 아니라(그리기도 했지만), 숨겨진 진실을 생산하는 데 있다. 그리스도교에서 구원만큼 중요한 것은 고백이다. 고백은 자신이 죄인이라는 사실을 인지하고, 고뇌를 표명하는 기술이다. 이 기술을 통해 숨겨진 영혼의 진실이 드러난다. 그러므로 "그리스도교의 핵심·독창성·특수성을 이루는 것은 구원, 법, 진실이 아니라 공덕과 죄과의 새로운 관계, 절대적 복종, 숨겨진

진실의 생산"186;263이다.

(2) 둘째 특징은 "분석적 판별, 종속화, 주체화라는 개인화 절차"187;263이다. 즉 개인화의 새로운 양식이 등장했다는 것이다. 말 그대로 어떤 한 사람을 하나의 개인으로 만드는 새로운 양식이 출현했다는 것이다. 사목권력의 실행으로 인해 이제는 한 개인을 신분이나 출신으로 정의하지 않게 된다. 사목권력의 실행으로 개인은 매 순간 작동되는 공덕과 죄과의 관리 체계 안에서의 분석적 판별로써 정의된다. 또한 이는 예속의 네트워크에 종속됨에 의해 행해지는 개인화이다. 모든 사람은 사목권력의 제도화, 봉족 체계, 고백의 체계화 등으로 이루어진 네트워크에 종속하게 되고 이 네트워크의 작동에 따라 개인은 확인된다. 그리고 복종과 고백의 촘촘한 구조에서 개인의 진실은 생산되고, 동시에 한 개인은 그러저러한 사람으로 만들어진다. "분석적 판별, 종속화, 주체화, 바로 이것이 그리스도교의 사목이나 그것의 제도들에 의해 실제로 작동될 개인화 절차의 특징이다"187;263.

이와 함께 짚어야 할 요점이 있다. 사목은 구원, 법, 진실과 관련하여 '고유한 절차'를 발달시켰다. 이로써 사목권력은 통치성의 단초가 된다. 사목권력의 역사를 연구한 이유가 여기에 있으며, 이 부분은 앞으로 충분히 설명될 것이다. 다른 한편 "사목은 특수한 주체, 자신의 공덕이 분석적인 방식으로 판별되는 주체, 연속된 복종의 네트워크에 종속된 주체, 자신에게 강요된 진실의 추출행위를 통해 주체화되는 주체를 구성"했다. 이렇게 사목은 근대 서구의 전형적인 주체를 구성하는 결과를 낳았다.

8강

사목권력에 대한 대항품행

1978년 3월 1일

8강에서는 사목에 대한 반란, 특히 품행과 관련된 반란이 다루어진다. 푸코가 사목권력을 연구하는 이유는 사목권력에는 이후 통치성으로 발전하게 될 중요한 역사적 요소가 있는 것으로 보이기 때문이다. 흔히 서구에서 중세로부터 근대로의 이행은 교회와 국가 간의 대립 내지는 반목에 의한 것으로 파악하지만, 푸코는 종교와 정치의 관계가 교회와 국가 사이가 아니라 사목과 통치 사이에서 맺어진다고 파악한다. 먼저 품행의 개념이 소개되고, 이어서 품행상의 반란이 어떻게 일어났는지 구체적이고 역사적인 소묘가 이어진다.

품행의 개념

품행이라고 번역한 프랑스어는 conduite이다. 이 단어는 인도, 지도, 운전, 행동, 행실, (수도 등의) 관 등의 의미를 갖는다. 이 단어에도 역사가 있다. 이 단어의 원형 내지 기원은 그리스어 오이코노미아oikonomia이다. 이 단어는 oikos가정와 nomos관리하기가 결합된 단어이다. 그리스인들에게 오이코노미아는 말 그대로 가정 관리술이었다. 그런데 중세 그리스도교 사회에서는 가정 및 가족의 번영과 부를 다스리는 차원을 넘어서 만인의 영혼을 구원하는 것으로 문제의 범위와 차원이 확장되었다. 성 그레고리우스는 사목을 오이코노미아 푸스콘oikonomia psuchôn이라고 불렀는데, 이는 '영혼 관리술'을 의미했다. 오이코노미아와 어원상 가장 유사한 프랑스어는 에코노미économie이지만, 영혼의 관리술에 대한 번역어로는 어울리지 않는다.

에코노미는 오늘날 가계에만 적용되는 단어가 아니라 국가적, 국제적 차원에 적용되는 단어이다. 에코노미의 범위가 이렇게 확대된 것은 18세기경이다. 푸코는 장-자크 루소의 저서에서 에코노미가 적용되는 범위의 확대 과정을 목격한다. 루소에 따르면 에코노미는 원래 가족 모두의 공공선을 위해 가정을 지혜롭게 통치하는 것이었는데, 이 지혜로운 가정의 통치가 어떻게 국가의 관리 일반에 적용될 수 있는지가 당면한 문제였다. 이때가 바로 경제와 통치에 대한 문제의식과 관념이 생기기 시작한 시점이다.

에코노미는 오이코노미아에서 비롯된 단어지만 중세 이후 변한 오이코노미아의 의미와는 다른 길을 걷게 되고, 중세적 의미를 함축한 다른 단어가 오이코노미아의 번역어로 채택된다. 그 단어가 바로 17세기 초의 문헌에서 발견되는 conduite, 즉 '품행'이다. conduite는 인도하는 행위와 인도되는 행위 그리고 인도받으면서 처신하는 상태를 모두 의미한다.

품행 반란

품행의 개념은 '누구에게 어떻게 인도될 것인가?'라는 물음을 내포하고 있다. 사목의 핵심은 인도이다. 사목은 품행을 대상으로 삼는 권력이다. 중세 내내 사목권력이 품행을 지도하는 동안, 이에 대한 거부는 없었을까? 그럴 리가 없다. 다른 인도자에 의해 다르게 인도되고 싶어 하거나, 그 다른 인도자를 자신으로 삼고자 하는 사례가 있다. 즉 다양한 품행 반란이 있었다. 이제 푸코는 품행 반란의 역사를 서술한다. 푸코는 "권력이 있는 그곳에 저항이 있다"[5]고 말한다. 푸코는 권력을 관계로 파악한다. 권력 관계는 다양한 저항 지점들과의 관련 하에서만 존재한다. 권력이 있고 그 밖에 저항이 있는 것이 아니라, 권력과 저항이 맞물려 상관하는 관계가 있을 뿐이다. 지금 분석하려는 품행 반란은 사목과 상관하여 저항-권력 관계와 같다. 이는 푸코가 역사를 고찰한 결론이다. 즉 사목이 있고 그에 대한 반발이 있는 것이라기보다는 사목이 그에 대한 모종의 반발과 적대적인 관계를 맺으면서 형성되고 강화되었다. 즉 사목권력은 품행 반란과 투쟁하면서 만들어졌다. 푸코는 세 가지 형태의 품행 반란을 제시한다.

(1) 적극적으로 죄를 저지르는 도취 행위로서의 품행 반란이 있었고, 사목적 품행은 이에 맞서서 구성되었다. 이 유형

의 품행 반란의 대표적인 경우는 초기 그리스도교의 영지주의gnosticisme이다. 영지주의의 입장에서 물질과 악은 동일시되었기 때문에, 이 영향으로 물질에서 해방되고자 도취 행위 및 열광에 빠지거나 자살을 하는 사람들이 있었다고 한다. 또한 악이 물질 속에 들어 있다고 여겨서, 끊임없이 죄를 지음으로써 물질을 파괴하고자 하는 경향도 있었다. 한편 법에 의한 세계를 없애기 위해 법을 의도적으로 법을 위반하는 경우도 있었다. 이에 반해 "그리스교 사목은 돌이켜볼 때 무질서라고 불릴 만한 모든 것에 대항해 동방과 서방에서 발달한 것이다"199;272.

(2) 품행 반란의 형식과 목적은 특수하지만, 독자적인 영역에 머무르지 않고 다른 문제와 연결된다. 예를 들면, "17세기 영국 혁명은 처음부터 끝까지 제도적인 분쟁, 계급적 적대, 경제문제의 복잡성과 더불어 품행상의 저항, 품행의 문제를 중심으로 한 분쟁의 차원을 보여준다"200;278.

(3) 17, 18세기에 들어 품행상의 반란은 종교제도보다는 정치제도에서 더 많이 일어나게 되었다. 이 시기에 사목기능 중 많은 것이 통치성 실행에 계승되고, 통치가 인간의 품

행과 인도를 담당하기 시작했기 때문이다. 정치제도 부근에서 품행반란이 일어난 사례는 다음과 같다.

① 첫 사례는 17, 18세기에는 탈영이다. 귀족이기 때문에 당연히 군인이 되어야 한다고 여기는 일부의 사람들을 예외로 하고, 다수의 사람들에게 군복무는 달갑지도 자발적이지도 않게 되어 마침내 탈영은 품행상의 문젯거리가 되었다. 이는 동시에 군인이 된다는 것이 일종의 품행이 되었다는 것을 의미하기도 한다. 군인이 되는 것은 공적인 지도 아래 들어가는 것이며, 상세한 규율에 따라야 한다는 것이며 공공의 대의와 구원을 위해 희생하고 헌신하는 등의 품행을 가져야 하는 것이다. 그러므로 탈영하는 것, 군인이 되기를 거부하거나, 전쟁에 가담하기를 거부하는 것은 사회가 제시한 가치를 거부하는 것이며, 국가적인 의무에 대한 거부이다. 요컨대 이는 품행상의 저항이다.

② 정치제도에서 일어나는 품행상의 반란의 두 번째 사례는 비밀결사이다. 비밀결사는 18세기에는 종교적 반체제에 가까웠다. 프리메이슨이 그 독보적인 예이다. 그런데 19세기에 와서 비밀결사는 정치적인 성격을 띤다. 정치적 비밀

결사체는 사회의 공식적이고 명시적인 목표와는 다른 목표를 향해, 다른 사람들에 의해, 다르게 인도받는다. 즉 다른 품행을 요구한다. 푸코는 여전히 두 종류의 정당이 있다고 말한다. 한편에는 공적인 정당들이 있고 다른 한편에는 비밀결사체를 계승하는 정당이 있다. "아주 오래전부터 비합법적이기를 그만뒀지만 오랜 기획의 후광을 지니고 있다. 물론 이 정당은 저 기획을 포기했지만 당의 운명과 이름은 아직 그 기획과 연관되어 있다"202;281. 여기서 이 정당은 공산당을 일컫는 것으로 보인다. 푸코의 사후에도 세계 여러 나라에는 사회당이 존립해 있고, 사회당이 정치제도의 영역에서 차지하는 위치나 역할을 상기해 보면, 품행상의 반란에 대한 그의 분석은 여전히 유효하게 적용될 수 있을 듯하다.

③ 정치제도에서 일어나는 품행상의 반란의 세 번째 사례는 의학이다. 푸코에 따르면 사목은 근대에 들어와 상당부분 의학에 의해 계승되었다. 의학의 영역에서도 18세기 말부터 오늘날까지 의학에 대한 거부라고 할 만한 품행상의 반란이 있었다. 우두 접종 등의 예방행위를 거부한다든가,

약초나 전통의학 사용, 나아가 의학적 이단의 구성 등이 그것이다.

대항품행

푸코는 (품행 상의) 저항, 거부, 반란이라고 표현했던 것을 대체할 단어로 "대항품행"을 제시한다. 그는 이 단어를 "타인들을 인도하기 위해 작동되는 절차에 저항하는 투쟁"[205;285]이라는 의미로 제안한다. 앞서도 언급되었지만 사목권력은 대항품행과 충돌하면서 형성되고 공고화되었다.

사목권력과 대항품행은 다음과 같은 충돌 지점을 갖는다. 사목이 제도화되면서 사목 내에는 성직자와 평신도라는 이항대립적 구조가 형성되었다. 성직자는 경제적, 정치적 특권과 함께 영적인 특권까지 누리는 존재였다. 대항품행은 이러한 이항성에 대한 불만 표출이기도 했다. 11~12세기에 들어와 고해는 하나의 의무가 되었는데, 푸코는 이를 교회 내에 사법적 모델의 침투로 본다. 목자나 교회는 고백을 받고 예정된 징벌을 완화시켜 줄 권력을 갖고 있었다. 이 또한 반-사목 투쟁의 이유가 되었다. 교회 제도 자체에 대한 조직적 반-사목 투쟁들 또한 무시할 수 없다. 이런 이유들로 인하여 대항품행은 다양한 형태로 터져나왔는데, 푸코는 다음과 같은 다섯 가지 형태로 대항품행을 분류한다.

(1) 첫 번째 형태의 대항품행은 수덕주의修德主義이다. 초기 사목은 이집트, 시리아 등의 은둔수련이라 불리던 수덕 실천에 맞서 발전했다. 사막에서 고독하게 은둔하여 홀로 극단적인 수행을 하는 수덕주의에 맞선 사목의 실천은 수도원 생활이다. 수도원 생활은 공동생활을 하며 수도원장을 정점으로 하는 위계적인 조직 하의 생활이다.

수도원에서는 자신의 의지를 완전히 포기하고 자기 위의 사람에 대한 절대적인 복종을 해야 한다. 수덕주의와 수도원의 복종체계는 양립할 수 없다. 수덕주의의 원칙은 대체로 다음과 같다. 일단 수덕은 타인을 필요로 하지 않고 자신이 자신에게 행하는 훈련이다. 또 수덕주의는 수도자 본인의 난관, 한계를 극복하고 더 어려운 단계로 나아가는 훈련이다. 수덕주의는 일종의 도전이다. 말하자면 이런 식이다. 어떤 수련자가 자신이 한 달째 단식 중이라고 말한다면 상대는 두 달째, 혹은 일 년째라고 응수하는 것이다. 자신의 한계를 극복하는 것인 수덕 훈련은 다른 사람에 대한 도전이기도 한 것이다. 수덕 훈련의 목표는 평온한 상태, 아파테이아 상태에 도달하는 것이다. 유혹과 고통을 억누른다기보다는 그런 것들에 동요되지 않고 무심해지는 것, 최대한의 자기 제어가 목표이다. 유혹이나 고통이 신체적인 것이기 때문에 수덕주의는 신체를 거부하는 태도를 취한다. 단식을 한다거나, 스스로에게 채찍질을 한다거나, 달군 쇠로 스스로를 지지는 수련자들은 이러한 가혹 행위를 통해 자신의 신체를 그리스도의 신체와 동일시하는 것이다. 요컨대 수덕주의는 "운동선수와 같은 경쟁, 자기와 세계의 제어, 물질의 거부, 영지주의적 무주론, 그리스도의 신체와의 영광스러운 동일시 같은 특징적 요소"210;297를 띤다.

이러한 특징들은 항구적으로 복종하면서 자신의 의지를 포기하는 사목과는 사뭇 다르다. 사목 원칙에는 세계에 대한 포기, 완벽한 자기 제어, 자기나 타인과의 경쟁 등의 요소가 없다. 대신 항구적인 복종이라는 목표가 있다. 수덕주의를 다룬 텍스트는 방대한데, 이 텍스트들이 모두 비기독

교의 것이냐 하면 그렇지 않다. 그리스도교의 정통 종파와 주변 종파에는 분명 수덕주의적 요소들이 있었다. 푸코가 강조하는 것은 수덕주의는 그리스도교 내부에도 있었으나, 사목권력의 구조에는 이질적이라는 점이다. 사목권력이 강화되면서 수덕주의는 그리스도교 외부로 축출되는 갈등의 역사가 있었다. 다시 말해서 자기 제어를 강화하려는 시도가 있는 한편, 타인에 대한 항구적 복종을 강화하려는 경향 또한 철저해진 것이다. 사목권력은 수덕주의와 투쟁하면서 성립되고 발전했다.

(2) 두 번째 대항품행은 공동체, 즉 일반적인 교회와는 다른 공동체이다. 여기에서 핵심은 사제의 권위 부정 내지는 사제-평신도의 이항대립의 부정이다. 대항적 공동체는 사제 역시 죄인이기 때문에 사제에게 복종하는 것 역시 이단이라는 원칙을 토대로 한다. 사제는 성사를 베풀어 죄를 용서받게 하는 권력을 지니는데, 이에 대해 아동에 대한 세례는 무의미하며 자신의 의지를 갖는 성인에게만 세례를 하자는 대항 운동이 있었다. 또한 고해와 관련하여 죄인인 사제의 권위를 부정하고, 평신도끼리 고해를 하자는 운동을 하

는 공동체도 있었다.

대항품행 공동체는 그리스도교 사목 조직의 사제-평신도의 이항성을 부정한다. 이러한 공동체에는 선출되어 책임자의 역할을 하는 사람이 있기도 했으나, 책임자가 특권을 가지고 구원을 위해 인도하는 역할을 하는 것은 아니었다. 누군가가 어떤 역할을 맡는 것은 공동체가 그것을 필요로 하기 때문일 뿐이다. 아무도 목자가 아니라는 것은 공동체 구성원들 모두가 절대적으로 평등하다는 것이기도 하다. 사목 권력은 이처럼 대항품행 공동체에서 부정된다.

이러한 공동체에서 위계적 질서에 따르는 항구적인 복종의 실천이 있을 수는 없다. 그러나 복종이 전혀 없는 것은 아니었다. 14세기의 몇몇 종파에서는 공동체 구성원들이 서로 복종하는 계약을 체결했었다. 누구에게 복종할 것인가가 임의적이고 복종 기간 또한 임의적으로 정해졌다는 점에서 대항적 공동체의 복종은 사목적 복종과는 다르다.

목자를 정점으로 하는 그리스도 사목의 위계에 도전하는 공동체도 있었다. 심지어 창녀를 집단의 책임자로 선출하는 경우도 있었다고 한다. 선도하는 자와 뒤따르는 자의 순서를 바꾸어 버림으로써 사회적 관계와 위계를 전복한 것이다.

(3) 세 번째 대항품행은 신비주의이다. 신비주의와 사목권력은 진실에 접근하는 방식이 다르다. 사목 체계에서 목자 내지는 사제는 평신도에게 진실을 가르쳐 무지에서 인식으로 나아가도록 인도한다. 반면 신비주의에서는 신이 각 영혼에 직접적인 계시로 가르침을 준다고 가정하기 때문에 위계적이고 느린 가르침의 단계도 필요 없고 목자도 필요 없다.

(4) 네 번째 대항품행은 성서와 관련된 것이다. 사목권력의 체계 내에서 성서가 무시되는 것은 아니지만 목자가 성서보다 앞서는 경향이 있다. 목자가 성서의 앞에서 성서와 신을 신도와 중계해 주기 때문이다. 이에 반하는 대항품행은 성서로 돌아가기를 주장함으로써 사목과 맞선다. 성서를 읽는다는 것은 신자가 직접 신의 말씀 속으로 들어가고 내적 계시를 받으며 신의 뜻을 발견하는 영적 행위이다. 푸코는 "중세 내내 일체의 사목에 맞섰던 대항품행의 핵심 주제, 근본 요소는 성서로의 회귀"라고 말한다. 이 언급은 인쇄된

성서의 유포가 종교전쟁의 원인이 되고 중세의 막을 내리게 한 것을 환기시킨다. 성서를 직접 읽는 것은 성서와 신도를 매개했던 사제의 역할을 부정 내지는 축소하는 것으로서 사목권력에 도전하는 대항품행이다.

(5) 다섯 번째 대항품행은 종말론적 신앙이다. 종말론적 신앙은 예수가 재림한다거나, 성령이 현세에 도래하는 시대가 올 것이라는 믿음을 말한다. 이러한 믿음에 따르면 곧 신이 직접 자신의 무리를 모으고 돌보게 될 것이므로 현재의 목자는 역할을 잃게 될 것이다. 결국 목자는 불필요하다는 결론이 따르고, 사목권력은 도전을 받는다.

사목권력 분석에 대한 결론

지금까지 품행을 인도하는 사목권력과 그에 대항했던 품행의 형태들이 분석되었다. 대항품행의 주제로 수덕주의, 공동체, 신비주의, 성서, 종말론이 제시되었다. 요컨대 사목 조직에서 그리스도교는 수덕의 종교, 공동체의 종교, 신비주의의 종교, 성서의 종교, 종말론의 종교가 아니었다. 그러나 대항품행의 다섯 가지 요소들이 그리스도교에 외재적이었던 것은 아니다. 이 요소들은 그리스도교의 밖이 아니라 주변부로부터 지속적으로 이용되었다. 교회는 대항 품행 운동으로부터 위협받으면서 교회를 유지하기 위해 이 요소들을 순화하여 다시 취합했다.

대항품행까지 살핌으로써 지금까지 사목권력이 어떤 것인지가 상세하게 설명이 되었다. 무엇을 위해 푸코는 사목권력에 대해 이토록 상세한 분석을 한 것인가? 푸코는 "16세기부터 발전한 통치성의 후경後景과 원경遠景을 알아보기 위해서"이며, "반영이나 전사轉寫의 형태가 아니라 전략이나 전술의 형태로 사태를 다시 포착하고 분석할 수 있을 것"[219;312]이기 때문이라고 답한다.

9강
국가이성의 등장

1978년 3월 8일

9강은 8강과 10강을 연결하는 다리와 같은 역할을 한다. 5강부터 8강까지 푸코는 사목권력을 분석했다. 꽤 많은 시간을 들여 사목권력을 분석했으나, 사목권력 자체가 강의 전체의 주제인 것은 아니다. 푸코는 지금 통치성의 역사를 다루고 있다. 푸코는 5강에서 통치에는 두 가지 형태가 있는데 하나는 사목이고 또 다른 하나는 품행의 인도라고 말했었다. 그리고 8강까지 사목과 품행 인도의 역사와 특성을 설명을 했다. 16세기에 발아하는 통치성은 이 두 형태와 한편 연결되고 다른 한편 단절한다. 지금 9강에서 강의되는 내용이 바로 이 부분이다.

9강은 내용상 두 부분으로 나눌 수 있다. 전반부에는 사목에서 통치로 이행이 위치하는 맥락이 소묘되고 후반부에는 다음 강으로 이어질 국가이성에 대한 강의가 진행진다.

영혼의 사목에서 인간의 정치적 통치로

푸코가 지금 하고 있는 작업은 통치의 역사를 서술하는 것이다. 통치가 어떤 것인지에 대해 아직 푸코는 말하지 않았다. 이제 막 푸코는 중세의 통치에 대해 말할 참이다. 이 이야기를 듣기 전에 통치라는 단어가 역사적으로 다른 의미를 지닌다는 점을 환기할 필요가 있다. 푸코는 통치와 관련하여 대략 중세/근대/현대로 역사적 시기를 구분한다. 중세에 사목권력의 시대로부터 통치의 시대로 이행은 15세기 말부터 16세기 초까지 이루어졌다. 이 시기의 전후의 역사는 이러한 이행의 배경을 이룬다. 사목에 대한 품행상의 반란의 일종으로서 개신교의 종교개혁이 있었고, 이에 따라 개신교와 가톨릭은 각각 나뉘어 재조직되었다. 또한 서로 넘나들면서 사목을 이루었던 두 축으로서의 제국과 교회가 소멸했다.

　물론 교회 자체가 없어진 것은 아니고 사목 또한 그렇다. 푸코는 사목이 개인의 영적 삶뿐만 아니라 세속적 삶에 대해서도 그 어느 때보다 강한 개입을 했다고 강조한다. 그렇지만 주목해야 할 것은 인간을 인도하는 일이 16세기부터는 교회 밖에서도 일어난다는 것이다. "군림하는 자, 혹은 주권을 행사하는 자인 주권자가 이 시기부터 새로운 임무를 부여받고, 위임받고, 나눠 갖게 된다. 이 새로운 임무란 정확히 영혼의 인도이다"[236;318]. 주권자가 임무를 위임받은 이 영역은 공적 영역이며 훗날 정치적 영역으로 불리게 된다. 16세기의 이행은 사목권력과는 형식상 다른 인도방식이 돌출한 것이 아니라 품행에 대한 관심이 증가하고 품행을 인도하는 기술이 강화되고 증식하면서 이루어졌다.

　강의 후반부에는 16세기 말~17세기 초의 근대적 국가이성의 발현이 이야기된다.

토마스 아퀴나스의 통치의 유비 모델

토마스 아퀴나스의 통치의 유비는 국가이성과 대비되는 중세의 통치 모델을 보여준다. 첫 번째 통치의 유비는 통치를 통해 주권자는 신이 세상을 통치하는 것과 비슷한 일을 한다는 착상이다. 두 번째 유비는 자연과의 유비이다. 즉 유기체의 각 부분을 유지시키는 생명력과 같은 것이 왕국에 있어야 왕국이 유지되는데, 이 생명력과 같은 것이 왕의 지도력이라는 것이다. 세 번째 유비는 목자 및 가부장과의 유비이다. 목자가 양에게 하는 것, 아버지가 가족에게 하는 것을 왕은 왕국에 한다.

"이와 같은 신과의 유비, 살아 있는 자연과의 유비, 목자나 가부장과의 유비 등과 더불어 일종의 연속체, 우주론적-신학적 연속체가 생겨난다"[239;323]. 왕은 연속체의 일부로 가정되고, 왕이 무엇을 해야 할지는 이 연속체에서 구해지며, 통치의 권위 또한 이 연속체에서 나온다. 사목권력은 이론적으로든, 실제로든 토마스 아퀴나스의 유비, 연속체의 가정을 함축한다.

국가이성의 등장

그런데 이 연속체는 사라지게 된다. 그 시기는 "아주 정확하게 말하면 1580년에서 1650년 사이, 그러니까 고전주의 에피스테메가 설립되는 시기"[241~242;326]이다. 이 시기에는 주권자의 완전히 새롭고 특수한 임무가 발전하게 되었다. 그것은 바로 통치이다. 통치는 신이든 목자든 가부장이든 또는 그 외의 무엇에 유비되는 모델이 아니라 고유한 모델로 정의되어야 했다.

통치가 따라야 하는 고유한 법칙, 합리성은 통치이성 또는 기존의 용어로 말하자면 국가이성raison d'État이다. 16세기 말에 이르러 국가는 자연과 다른 것으로 구분되었다. 국가이성은 자연원칙과는 다른 고유한 합리성을 띤다. 이런 의미에서 국가이성은 "국가가 수립된 그 순간부터 일상적 작동 내에서, 일상생활의 관리 내에서 국가를 유지하고 보존케 해줄 합리성"[243;329]이다.

새로운 것은 소란과 함께 등장하기 마련이다. 국가이성은 일종의 혁신이자 추문으로 등장했다. 정치 또한 마찬가지이다. 정치라는 단어가 16세기에 등장한 것은 아니며 고대부터 국가이성을 다루는 텍스트에는 이 단어가 항상 등장했었지만 16, 17세기의 두드러진 점은 정치가 정치가들을 지칭한다는 점이다. 요컨대, "16~17세기의 서구에 먼저 등장한 것은 영역으로서의 정치도 아니고, [특정한] 목적/의도의 집합으로서의 정치도 아니고, 직업이나 소명으로서의 정치도 아니고, 바로 정치가들이었다는 것"[251;343]이 중요하다. 그 당시의 정치가는 통치의 새로운 특성을 만들어내고, 통치에 대해 생각하고 계획하는 사람들이었던 것이다. 영역이나 행동 유형으로서의 정치는 17세기 중반 프랑스 절대왕정 시대, 더 구체적으로는 루이 14세의 시기부터이다. 루이 14세는 '짐이 곧 국가다'라고 말함으로써 주권과 통치를 봉합하고, 교회와 제국으로부터 분리되었다.

국가는 이어지는 10강에서 본격적으로 논의되니, 여기서는 한 가지만 강조하고 넘어가자. 국가는 근대의 어떤 시간대에 탄생한 역사적 산물이고, 현대 정치의 핵심이며 궁극적 목표라는 견해는 널리 유포되어 있다. 그런데 푸코는 이러한 견해를 뒤집는다. 국가는 근본적인 정치 목표라기보다는 "통치성의 돌발사건"253;346이라는 것이다. 국가가 계획해야 하는 것이 되고, 사유되고, 전략적인 목표가 되는 등 관심거리가 된 과정은 통치성이 확립되어 가는 과정의 돌발적인 사건이라는 것이다. 푸코는 국가에 대해 직접적으로 말하지 않는다. 국가가 아니라 통치성의 발달 과정을 보아야 현대의 정치적 지평이 보인다고 여기기 때문이다.

10강
국가이성의 세 가지 특징

1978년 3월 15일

10강에서 다루어지는 내용은 '국가이성이란 무엇인가?'이다. 이 논의는 다음 11강에서도 이어진다. 여기에서는 특히 17세기 초에 논의되었던 국가이성에 대한 정의가 다루어진다. 푸코는 당시의 몇몇 텍스트들을 참조하여 강의를 진행한다. 먼저 17세기 초에 출간된 팔라초의 글,『통치와 진정한 국가이성에 관한 논설』에서 이성과 국가가 어떻게 이야기 되고 있는지를 푸코와 함께 살펴보자.

16세기 말~17세기 초, 국가이성의 의미

국가이성은 무엇인가? 푸코는 두 가지 방식으로 정리한다. 객관적으로는 "국가가 자신의 온전함을 철저히 유지하기 위해 필요충분한 것"[262;350]이다. 즉 국가의 온전함을 채우는 요소, 즉 영토의 전부나 일부, 요새, 도시 등이 국가이성에 속한다. 한편 국가이성은 주관적으로는 "국가의 온전성, 평온함, 평화를 획득하기 위해 필요한 수단을 알 수 있게 해주는 … 규칙이나 기술"[262;351]을 의미한다.

푸코는 팔라초를 비롯한 다른 당시의 이론가들이 국가이성을 정의할 때 국가 외의 다른 것을 참조하지 않는다는 점에 관심을 갖는다. 국가이성은 우주나, 자연이나, 신 등을 참조하지 않은 채 정의되고 있다. 또한 국가이성은 국가의 본질이자 그것에 대한 인식으로 정의되어 실천과 인식의 기술이라는 특징을 띠게 된다. 나아가 국가이성은 '보존적'인 특징을 갖는다. "국가이성에게 중요한 것은 국가가 통일성 있게 존재하고 유지되는 데 필요충분한 것, 국가가 손상을 입었을 때 이 통일성을 복원하기 위해 필요충분한 것을 스스로 찾아내는 일"263;352이다. 마지막으로 국가이성의 가장 중요한 특징은 그것의 목적이 오직 국가라는 것이다. 이는 토마스 아퀴나스의 통치 비유와 비교하면 새롭고 두드러진 특징이다. 국가이성의 목적은 국가 자체이다. 행복이든 무엇이든 그것은 국가에 속할 뿐, 국가 밖의 궁극적인 목표는 상정되지 않는다.

팔라초에 따르면 국가는 그 자체로는 평화롭게 보존될 수 없다. 국가이성이 없다면 나약하고 악한 인간들에 의해 국가는 유지될 수 없을 것이다. 연속적이고 이성에 따른 통치, 즉 국가이성이 있어야만 국가는 평화롭게 유지될 수 있다. 이제 개인들의 구원이라든가, 우주적 목적과 같은 상위의 목표와는 무관하게 국가이성에 의해 통치된다는 관념이 자리 잡았다.

국가이성의 특징: ① 구원의 문제

푸코는 앞서 7강에서 사목권력의 특질을 구원, 복종, 진실과 관련하여 설명했었다. 여기에서 그는 다시 한 번 이 세 가지 항목과 관련하여 국가이성의 특질을 사목적 통치와 대비하여 설명한다. 구원의 문제부터 시작하자.

국가이성이 구원하는 것은? 물론 국가, 오직 국가이다. 국가이성은 일반적인 상황에서는 법을 존중하고 따른다. 그러나 국가이성은 법에 종속되지 않고 법을 초월하여 있다. 국가이성은 국가를 유지한다는 공리에 복속될 뿐이다. 따라서 국가이성에게는 정당성이라든가 합법성이라는 성질이 적용되지 않는다. 국가를 유지하기 위해 법을 따르는 것이 더 이상 유용하지 않은 예외적인 경우도 있을 수 있다.

"국가는 신속하고 직접적으로, 규칙 없이, 긴급성과 필요성 내에서 극적으로 자기 자신에 대해 행동하게 된다. 이것이 쿠데타이다. … 쿠데타는 국가 자체의 자기현시이다. 이는 국가이성의 단언이다"[268;360]. 쿠데타는 국가를 구원하는 특수한 방식이다. 쿠데타가 합법성을 무시한다는 것은 국가이성의 관점에서는 문제가 되지 않는다. 국가이성은 법보다 위에 있는 이성의 법이다. 또한 국가의 구원을 무엇보다도 우선시하는 법이다. 따라서 이 법은 정당성이나 합법성이 아니라 필요성에 의해 보장된다. 다시 말해 통치는 합법성이 아니라 필요성과 관련해 존재한다.

쿠데타는 폭력을 수반하곤 한다. 국가이성은 종종 폭력을 용인한다. 더 정확히 말해, 국가이성은 폭력적이다. 국가를 유지하는 데 폭력이 필요한 경우가 있기 때문이다. 사목권력은 개인의 구원이 전체의 구원이며, 전체의 구원이 개인의 구원이라는 전제를 갖고 있다. 이에 비해 국가이성은 전체를 위해 일부를 희생시키는 데 주저하지 않는다. 푸코는 샤를마뉴 대제가 임명한 판사의 재판을 예로 든다. 판사는 피고인이 누구인지도 모르고 내용도 모른 채 판결을 내렸다. 오늘날의 관점에서 봤을 때 이것은 부당한 국가폭력으로 보이는데, 푸코는 이러한 폭력성이야말로 국가이성의 특징 중 하나라고 파악한다. 국가의 유지라는 공리 하에서 폭력과 이성은 이율배반적인 것이 아니다.

쿠데타와 국가이성은 또한 연극적인 특징이 있다. 쿠데타는 백일하에, 무대 위에 드러나야 효과적이다. 왕의 대관식은 장관을 이루는 도시 입성으로 효과적으로 연출될 필요가 있다. 30년 동안의 종교전쟁이 끝나고 국가들이 세워질 때 이제 국가는 왕조나 종교적 정당성이 아니라 이성의 법이라는 정당성에 의해 세워진다. 국가는 그 자체 외의 목적이나 끝이 없이 언제까지나 있게 될 것이다. 정치적 실천으로서 쿠데타는 국가를 현실이라는 무대에 세우는 역사적 역할을 한 것이다.

국가이성의 특징: ② 복종의 문제

복종이라는 주제와 관련하여 국가이성의 특징을 살필 차례이다. 푸코는 프란시스 베이컨의 「소요와 폭동에 대한 시론」을 마키아벨리의 『군주론』과 비교한다. 여기에서 초점은 반란과 소요에 맞추어진다.

(1) 푸코에 따르면 마키아벨리는 군주가 받는 위협, 왕이 추방당할 위기, 왕이 공국을 상실한 위기 등을 문제 삼는다. 반면에 베이컨에게 있어 이러한 것들은 문젯거리가 되지 않는다. 베이컨은 소요나 폭동의 가능성이 국가 내에 항존한다고 파악한다. 다시 말해서 소요는 이례적인 현상이 아니라 자연스럽고 통상적인 현상이다. 평온한 날씨 속에서도 폭풍이 준비되고 있는 것과 마찬가지로 말이다. 빈곤과 불

만족이라는 본질적인 요소는 다양하고 복잡한 우연적인 요소들과 결합할 때 소요로 발전하곤 한다.

　(2) 마키아벨리는 대귀족의 불만과 인민의 불만을 확실하게 구분하고 군주를 위협하는 것은 주로 대귀족이고, 인민은 수동적이고 순박한 존재라고 생각한다. 반면 베이컨은 대귀족보다 인민을 훨씬 위험한 존재로 여긴다. 대귀족은 통치에 가깝게 있지만 인민은 거리를 두고 있다. 대귀족은 항상 그런 것은 아니라고 해도 통치를 하는 쪽에 가깝지만, 인민은 통치의 대상이다.

　(3) 마키아벨리는 군주의 자질을 중요하게 여긴다. 공국을 수호하기 위해 군주는 다른 사람들이 그를 어떻게 보고 있는지에 신경을 써야 하고, 파악해야 한다. 반면 베이컨에게서 군주의 자질을 대체하는 것은 경제와 여론이다. 부, 부의 순환, 조세, 세금 등의 경제의 요소들은 통치의 대상으로서 계산되어야 한다. 다른 한편, 베이컨의 시대는 정치 캠페인이 발명된 시대이다. 경제적 계산의 정치와 여론 정치라는 베이컨 시대의 현실이 그의 글에 반영된 것이다. 요컨대 경제와 여론은 통치가 관여하는 현실의 두 대응물이다.

국가이성의 특징: ③ 진실의 문제

목자는 무리 내의 양들 각각에 대한 진실을 알아야 한다. 마키아벨리 시대에 군주는 나라의 법과 신의 법을 잘 알고 잘 적용해야 하는 존재였기 때문에 현명함과 진중함이라는 덕목을 가져야 했다.

17세기 이후 통치자가 알아야 할 것은 국가를 유지하고 국력을 발전시키기 위한 요소이다. 통계학statistics은 어원학적으로 국가state에 대한 학문science이다. 푸코는 통치자가 국가를 현실적으로 파악하기 위한 방법으로서 통계학이 통치의 시대에 등장했다는 점에 주목한다. 푸코에 따르면 통계학은 특히 아일랜드와 독일의 군소 국가들에서 발달했다. 이 국가들이 소규모였기 때문에 파악할 단위 또한 작았고, 행정장치들도 수월하게 작동할 수 있었다는 것이다. 이제 행정가 및 행정 체계는 왕의 대리인에 머무르지 않고 그 자체로 권력 행사자이며 인식 장치가 되었다. 진실의 문제와 관련하여 또 다른 중요한 특징은 통계의 자료는 비밀에 붙여져야 한다는 것이다. 국가의 적이나 대항자가 국가를 이루는 현실적 요소를 알아서는 안 되기 때문이다.

인구의 등장 또는 부재

통치와 국가는 동시에 생겼다고 말할 수도 있고 서로를 만들었다고 말할 수도 있다. 16세기 말~17세기 초, 정치적 영역에서 새로운 사고방식이 탄생했을 때의 일이다. 목적론적 사고가 폐기되면서 목자 모델도 폐기되었다. 또한 국가와 절대군주를 연결시키는 사고방식 내지는 국가를 절대군주가 소유하는 영토와 권리로 보는 방식도 더 이상 통용되지 않게 되었다. 통치기술의 발전은 국가를 그 자체에, 내부에 목적을 갖는 것으로 시간적으로 영원한 것으로 상정하는 사고방식을 수반했다. 푸코는 여러 이론가들의 저서를 참조했지만, 통치술의 발전과정이 순수하게 이론적인 것이 아니라 실천에 따른 것임을 분명히 강조한다. 실천이 (근대적) 국가를 만들었고, 통치와 국가를 관계 맺게 만들었다.

이러한 사실은 중상주의자들, 베이컨의 글에서도 확인할 수 있다. 이들의 관심사는 어디까지나 국가의 부였다. 이를

테면 '국민을 어떻게 부유하게 할 것인가?'는 전혀 그들의 관심사가 아니었다. 그들의 저서에는 인민, 국민, 인간은 등장하지 않는다. 국가이성에 대한 초기의 분석에 인구 개념은 결여되어 있다. 일련의 실천들을 거쳐 18세기 이후가 되어 인구 개념은 정치에서 중요한 요소가 된다. 분량상 여기에서 논의는 더 이상 진행되지 않는다. 인구를 등장시킨 중요한 실천은 내치로, 12강의 주제이다.

구원, 진실, 복종과 관련해 본 근대의 국가이성의 특성은 다음과 같이 요약된다. 첫째, 국가이성은 국가를 구원하는 것을 목적으로 하기 때문에 쿠데타 등으로 국가가 위기에 처할 때 일반적인 법을 초월해 폭력을 정당화한다. 국가의 구원이라는 목적 하에서 폭력과 이성은 이율배반적인 것이 아니다. 둘째, 국가이성에 있어 더 이상 군주는 중요한 존재가 아니다. 군주의 자리를 대체하는 것은 국가를 이루는 다양한 요소들이다. 소요, 인구, 경제적 요소들을 적절하게 다루는 것이 중요한 문제이다. 셋째, 양 떼를 돌보기 위한 군주-목자의 현명함을 대체한 것은 국가를 이루는 요소들에 대한 파악이다. 이로 인해 통계학이 출현하게 되었다.

11강
국가와 통치이성, 외교·군사장치

1978년 3월 22일

지금까지 고유한 이성과 합리성을 지닌 통치술의 탄생이 이야기되었다. 11강에서는 통치이성의 기능이 이야기된다. 11강의 내용은 크게 두 가지인데 첫째, 통치이성의 발달의 중심에는 국가가 있다는 것, 둘째, 일종의 통치 기술로서의 외교·군사체계가 그것이다.

통치이성과 국가

16세기 후반, 소란이나 이단적인 사고방식 같은 것으로 '정치'가 등장했다. 즉 정치는 권력, 왕국, 군림, 통치에 대한 새로운 사고방식이다. 푸코는 당시 보편수학과 자연과학이 상호관계 속에서 출현한 것과 같이 정치와 통치이성이 상호관계 속에서 출현했다고 말한다. 10강에서 국가이성이라고 부르던 것을 푸코는 여기에서는 통치이성이라는 단어로 언급한다. 국가이성은 10강에서 보았다시피, 16세기 말부터 17세기 초에 형성된 국가가 목표를 세우거나, 그 권력을 발휘할 때 따를 내적 원리를 의미한다. 통치이성은 이러한 국가이성과 일단은 같은 것이다. 적어도 『안전, 영토, 인구』에서는 그렇다. 통치이성은 국가이성으로서 형성되었지만, 수정되고 변형된다. 국가이성이 내포했던 관념으로는 해결할 수 없는 현실의 난제들이 만들어지기 때문이다. 중농주의로부터 발전한 정치경제학이 인식한 현실의 문제를 해결하기 위해서는 새로운 이성이 필요했다. 이것이 자유주의이다. 자유주의적 통치이성은 다음 해 강의인 『생명관리정치의 탄생』의 주제이다.

통치이성은 스스로의 원칙이자 목적으로 국가를 형성했다. 푸코는 국가에 대해 다음과 같이 말한다. 국가란 "통치이성의 규제적 이념"이며294;388, "이미 주어져 있는 요소와 제도의 고유한 본성, 연결, 관계 등을 사유하는 방식의 일종이다"294;388. "국가, 그것은 이미 확정된 제도들로 이뤄진 총체, 이미 주어져 있는 현실들로 이뤄진 총체에 관한 인식가능성의 도식이다"294;389. 앞 장에서 보았다시피, 통계학은 통치되어야 할 것, 현실에 대한 인식의 필요와 함께 시작된 학문이다. 통계 및 현실 인식의 필요와 목적은 국가 유지 내지는 국력 증강이다. 영토, 영토에 거주하는 주민, 군주의 부, 군주, 행정관 등의 요소와 제도가 무엇인지, 서로 어떻게 연결되며, 연결되어야 하는지는 국가를 중심으로 생각된다. 그러므로 "국가이성이라 불렀던 통치이성을 틀에 끼우는 인식가능성의 원칙과 전략적 목적, 바로 이것이 국가"295;389인 것이다.

통치이성은 국가를 유지하고 증강하는 것을 목적으로 기능한다. 국가의 유지라는 생각은 스콜라적인 전통에서 국가가 그 본질에 적합하도록 유지되어야 한다는 것이지만, 국가의 증대라는 생각은 역사적인 상황과 관련되어 있다. 그 역사적 상황이란 국가들이 상호경쟁하게 되었다는 것이다. 로마제국이 종말을 맞아(공식적으로는 1648년의 베스트팔렌 조약을 통해), 제국이 국가들로 분해되었다. 또한 종교전쟁을 통과하면서 국가들은 같은 종교를 가진 국가들끼리가 아니라 다른 종교를 가진 국가들과도 동맹을 맺곤 했다. 물론 동맹이 가능한 만큼 전쟁 또한 가능했다. 이러한 역사적 과정을 통해 국가에는 본성상 보편성이 있다는 관념은 깨지게 되었고, 국가는 열린 시간과 다양한 공간에 있다는 새로운 원칙이 자리 잡게 되었다. 이제 국가들은 병렬하여 존재하되 그 자체 가만히 있는 것이 아니라, 무역과 식민지 정복, 전쟁 등으로 경쟁하면서 존재하게 되었다. 국가의 증강이라는 통치이성의 목적은 이러한 역사적 상황과 관계 있다.

한편 스페인의 사례는 국가이성에 대한 연구를 촉진시켰다. 스페인은 16세기에 포르투갈과 합병하고 가장 강력한 해양제국이 되면서 독점적인 지위를 누리다가, 17세기에 급속하게 쇠락했다. 영국, 프랑스, 독일 등 주변국들은 스페인으로부터 국가의 힘과 부를 증강시키는 방식을 찾아내려 했다. 점차 국가 간의 관계는 대항이 아니라 경쟁하는 관계라는 형식으로 포착된다. 이 시기는 군주가 가지고 있는 부를 국가의 부로 생각하기 시작한 때와 일치한다. 이와 더불어 국력은 '군주가 지금 얼마나 가지고 있는가?'보다는 국가에 속하는 자원, 천연자원, 상업의 잠재력, 무역 수지 같은 것으로 생각되었고 국가 간의 경쟁도 국력의 맥락에서 문젯거리가 되었다. 요컨대 16세기 말~17세기 초, 정치적 이성은 국력을 새로운 요소로 하면서 등장했다. 힘은 사물과 같이 그대로 있는 것이 아니다. 힘은 커지거나 줄어드는 것이며, 관계에 따라 변하는 것이다. 그러므로 이 시기 통치이성은 국가의 유지보다는 힘이 작용하는 관계를 유지하고, 힘의 역학을 유지 또는 발전시키는 것에 관심을 기울인다.

외교·군사 장치

힘의 역학과 관련해 정의되는 통치이성을 작동시키는 두 가지 기술적 총체가 있다. 이 두 장치의 기능은 힘의 유지를 확보하는 것 그리고 전체와 단절되지 않고 각각의 힘들의 증강을 확보하는 것이다. 통치이성 장치들 중 첫째는 외교·군사 장치이며 둘째는 내치 장치이다. 여기서는 외교·군사 장치가 설명되며, 내치 장치는 12강에서 이야기된다. 이 장치들은 이후 안전메커니즘이라 불리게 된다.

1618년부터 1648년까지 독일을 무대로 신교와 구교 간에 벌어진 종교전쟁을 30년 전쟁이라고 부른다. 이 전쟁은 베스트팔렌조약으로 끝났다. 이로 인해 실상 그보다 더 오래 전부터 있었던 ─거의 100년간─ 종교 및 정치적 투쟁이 종지부를 찍었다. 외교·군사 문제는 30년 전쟁의 종식과 함께 제기되었다. 즉 새롭게 만들어진 국경선에 의해 나란히 이웃하게 된 국가들의 관계라든가, 신성로마제국과 주변의 독일 소국들 간의 새로운 관계 설정 및 유지 등이 중요한 문제로 떠올랐다. 즉 유럽의 다양한 국가들 간의 평형을 유지하는 문제가 떠오른 것이다.

푸코는 여기에서 유럽이라는 것이 어떤 의미를 지니는지, 유럽이 포함하는 관념은 어떤 것인지를 이야기한다. 이러한 설명은 유럽에 대한 새로운 관념으로 인해 외교·군사 장치가 발달하고, 나아가 안전메커니즘의 발전이 이어진다는 것을 보이기 위해서이다.

유럽에 관해 먼저 생각해 볼 것은 그 정의이다. 일단 유럽은 지리상의 분할이다. 즉 베스트팔렌조약의 당사국들과 아닌 나라들을 지리상으로 자른 것이다. 또한 유럽은 한 나라가 다른 나라에 속한다거나 제국 하에 종속되는 형식이 아니다. 즉 국가들 간에 위계를 갖는 형식이 아니다. 그렇지만 국가들 간의 차이, 즉 소국과 대국은 엄연히 있었다. 또한 유럽은 유럽 외의 세계와 이용, 식민지화, 지배 등의 관계를 맺고 있었다.

다음으로 생각해 볼 것은 유럽의 균형이다. 한 나라가 다른 나라에게 자신의 법을 강요한다면 유럽의 균형은 유지될 수 없다. 그러므로 유럽의 균형을 유지하기 위해서는 타국에 자국의 법을 강요할 수 없게 하는 데 상호 동의해야 한다. 또한 한 마리도 더 앞서나갈 수 없는 사두마차처럼 최강국들의 수를 제한하고 그 나라들 중 어느 하나도 우위를 점하는 것을 막는 것이 중요하다. 강대국들의 힘의 평등이 유지되는 한 유럽의 균형도 유지될 수 있다. 또한 힘의 열세에 있는 나라들 역시 연합을 한다면 상위 세력과 힘의 균형을 맞출 수 있을 것이다. 이러한 생각이 실현된다면 각 국가는 자신의 힘을 증대시킬 수 있으면서도 그것이 다른 국가나 스스로를 파괴하는 원인이 되지 않을 것이다. 결국 유럽의 균형의 목표는 안전을 확보하는 것이다.

전쟁조차도 균형을 유지하기 위한 목표 아래에서 고려된다. 중세의 전쟁은 법 권리에 근거했다. 네가 나의 토지를 압수했다, 너는 내가 계승한 것을 빼앗았다, 너는 내 누이와 이혼했다 등등이 분쟁의 명분이 되었다. 전쟁에서 이긴다는 것은 신이 법적 권리를 승인하는 심판을 하는 것으로 확신할 수 있었다. 그러나 17세기에 들어와 전쟁 또한 통치이성의 차원에 놓이게 된다. 법 권리와 무관하게 일방의 힘이 강해지거나 힘의 평행에 문제가 생겼을 때 전쟁이 고려되는 것이다. 클라우제비츠의 유명한 언급, "전쟁은 다른 수단에 의한 정치의 연속"에서 확인할 수 있다시피, 전쟁은 정치 및 외교의 연장선에 놓이게 된다. 푸코는 전쟁은 "유럽의 안전체계, 즉 유럽의 평행체계를 작동시키기 위한 첫 번째 도구"[309;412]라고 말한다.

두 번째 수단은 외교이다. 베스트팔렌 조약과 같은 다자간 조약에서 외교관들이 분쟁을 해결하려 할 때 그들은 주권자의 법적 권리에 따르는 것이 아니라, 국가 간의 힘의 평형을 유지하고자 한다. 16세기 말~17세기 초에는 상주대사

제도가 출현하게 된다. 즉 국가들 간의 '관계'에 관한 상시적 장치가 생긴 것이다.

전쟁, 외교 그리고 유럽의 균형을 확보하기 위한 외교·군사 장치의 세 번째 도구는 상시적인 군사장치의 설치이다. 전쟁이 벌어질 때, 쟁기를 놓고 무기를 잡는 백성-군인이 아니라 평화 시에도 존재하는 상설군이 생긴 것이다. 이 상설군은 유럽이 평형을 유지하는 데 불가결한 도구였다. 이 군사장치는 전쟁보다는 외교를 위해 있었다고 할 수 있다. 요컨대, "전쟁은 어떤 시기에 정치가 규정한 상당수의 수단들을 사용하는 것이고, 군사적인 것은 이와 같은 수단들의 근본적이고 구성적인 차원들 가운데 하나이다. 그러므로 안전장치로서의 유럽의 평형의 구축에 절대적으로 필요한 정치적-군사적 복합체가 존재하게 되는 것이다"313;419.

12강

내치의 대상과 기능

1978년 3월 29일

12강과 13강은 통치이성의 두 번째 장치인 내치가 설명된다.

내치의 의미

폴리스police라고 하면 우리는 경찰이나 치안을 떠올리지만 17, 18세기에 이 단어는 지금과는 전혀 다른 의미로 쓰였다. 푸코에 따르면 이 시기 폴리스는 내치內治라는 의미를 가졌다. 17세기 이래 내치로서의 폴리스는 "적절한 국가질서를 유지하면서 국력을 증강할 수 있는 수단들의 총체",

"국내질서와 국력증강 사이의 동적이지만 안정적이고 제어 가능한 관계를 확립할 수 있게 해주는 계산과 기술"[321;423]을 의미한다. 폴리스, 즉 내치의 대상은 국력 강화와 국력 선용이다.

내치는 유럽의 평형과 무관하지 않다. 유럽의 평형이 국가가 강해지는 데도 불구하고 국가 간의 평형을 유지하는 문제라면, 내치는 국가질서를 적절하게 유지하면서도 국력을 최대화하는 문제이다. 국가 간의 균형이 유지된다는 것은 한 국가의 국력이 다른 국가의 국력과 비슷한 수준이라는 뜻이다. 각 국가는 다른 국가와 힘의 불균형이 발생하지 않도록 자국의 국력을 강화해야 한다. 그러려면 적절한 내치를 해야만 한다. 만일 한 국가가 적절하게 내치를 못 하고 있다면 다른 힘의 불균형이 발생하고 말 것이다. 이런 일이 생기지 않도록 유럽의 평형은 국가들 전체로 하여금 각국에서 내치가 적절하게 행해지고 있는지를 감시하는 규제적 이념으로 기능한다.

유럽의 평형과 내치에는 공통적인 도구가 있다. 통계학이 그것이다. 유럽의 균형이 실제로 유지되려면 각국의 국력이

측정되고 비교될 수 있어야 한다. 통계학은 인구, 군대, 천연자원, 생산, 통상, 통화 순환이 어떤 상태에 있는지 파악하고 분석하기 위한 학문이다. 유럽의 균형은 통계학을 필요로 하고, 반대로 통계학은 내치에 필요하고 내치에 의해 발전했다.

17세기 종교전쟁과 그 수습 기간은 유럽 각국의 국토가 분열되거나 통합되면서 복잡한 국내외적인 상황이 전개되던 역사적 시기이다. 내치는 특히 독일의 경우 전형적으로 진행되었는데, 30년 전쟁이 이곳에서 벌어졌고, 전쟁이 끝나면서 베트스팔렌 조약으로 봉건적 구조가 해체되기 시작하면서 과도기적인 정치적 실험들이 가능해졌기 때문이다. 이는 같은 시기에 이탈리아는 통일국가를 만들지 못했기 때문에, 프랑스는 강력한 중앙집권적 군주제 때문에 내치가 발달할 수 없었던 것과 대조적이다. 독일은 봉건적 구조를 벗어나는 때에, 프랑스와 같은 행정관을 갖고 있지 못했다. 그래서 독일은 대학으로부터 행정관과 국력을 신장시키기 위한 기술을 공급받아야 했다. 푸코에 따르면 내치학이 탄생한 곳은 바로 독일의 대학이었다.

실제로 내치를 통해 하려던 것은 무엇인가? 17세기 초에 쓰인 튀르케 드 마이에르느_{Turquet de Mayerne}가 쓴 이상적인 내치에 대한 문헌에 따르면, 통치를 잘 하려면 사법, 군대, 재정을 각각 담당하는 장관과 함께 동등한 위상을 갖는 내치의 장관이 있어야 한다. 내치의 장관은 각 지방에 4개의 사무국을 관할한다.

제1사무국은 내치사무국이다. 내치사무국은 아동과 청소년의 교육을 담당한다. 아동들은 왕국에서의 모든 기능에 대비하기 위해 기본적으로 글을 배워야 한다. 나아가 내치사무국은 아동이 25세의 어엿한 시민이 되었을 때, 부랑자로 남지 않도록 그에게 직업을 주어야 한다. 제2사무국은 자선사무국이다. 자선사무국에는 건강한 사람에게는 일자리를 제공하고, 병자나 장애자에게는 수당을 지급한다. 또한 전염병이나 자연재해 등 빈곤을 야기할 수 있는 일에도 대처한다. 또한 영세한 장인이나 농민에게 금전을 대출해줘서 악덕 고리대금업자에게 당하지 않도록 한다. 제3사무국은 상인들의 문제, 즉 시장, 제조, 제조방식과 관련된 문제를 해결한다. 제4사무국은 영토사무국으로서, 영주권 적용의 문제, 부동산 문제, 상속 문제, 왕의 영지와 공공 영토의 문제 등을 담당한다.

내치사무국이 개인의 교육과 직업을 담당한다는 점은 새 겨볼 만하다. 내치가 아우르는 범위는 어린 시절의 교육으로부터 성인이 되어 어떤 직업을 갖는 것까지이다. 튀르케드 마이에르느는 내치에서 중요한 것은 귀족과 평민이라는 신분상의 구분이 아니라 직업상의 구분이라고 주장했다. 신분의 위계 구조에서 '무엇임'으로서의 인간은 더 이상 중요하지 않고, '무엇인가를 하는' 인간이 중요한 것이다. 이렇게 개인은 무엇인가를 함으로써 스스로 덕을 실현하고, 그럼으로써 동시에 국가의 덕을 완성시킨다. "내치가 목표하는 것은 바로 이 인간의 활동인데 그것은 국가와 관련이 있는 한에서의 인간의 활동"329;438이다. 내치에서 직업이 중요한 것은 직업이 국력을 만들어내는 인간의 활동이기 때문이다.

내치의 대상

인간의 활동이 국력의 발전으로 이어지기 위해서는 필요

한 것들이 있을 것이다. 이것들을 내치는 담당할 필요가 있다. 내치가 담당하는 것들에는 어떤 것들이 있는가?

(1) 내치의 첫째 대상은 인구의 수이다. 많을수록 좋은 것은 아니다. 17세기에 들어와 인구의 수는 영토의 면적 및 역량과 관련하여 사고되기 시작했다. 인구가 사막처럼 넓은 지역에 분산되어 있는 것은 국력에 도움이 되지 않는다. 조밀한 지역에 많은 사람이 있어야 상업 활동이 발전할 수 있다. 내치는 인구의 수를 영토의 면적, 천연자원, 부, 상업활동 등과의 관계에서 조절하는 활동이다.

(2) 둘째 대상은 생활필수품이다. 인간은 그저 존재하는 것이 아니라 생활을 한다. 살기 위해 필요한 물품들을 공급하는 데 관여하는 것은 내치의 중요한 임무이다. 생활필수품 중 가장 중요한 것은 당연히 곡물이기에, 곡물은 내치의 핵심적인 대상이다. 곡물을 포함한 생활필수품의 상품화, 순환, 식량난에 대비하여 얼마나 비축해야 할지를 예측하는 것 등은 내치의 임무이다.

(3) 셋째 대상은 보건 문제이다. 사람들이 각자의 직업 활동을 하고, 음식을 먹고, 생명과 생활을 유지하기 위해서는

보건의 문제가 해결되는 것이 또한 중요하다. 전염병 발생 시 환자를 격리하는 등의 수준 이상으로 공중위생을 유지하는 방법과 그 적용 범위는 광범위하다. 도시의 대기가 오염되지 않기 위해서 오염을 발생시키는 요소(푸줏간, 도살장, 공동묘지 등)는 분산되어 있어야 하며, 도로의 폭 또한 공기 순환을 충분히 할 수 있을 정도로 넓어야 한다. 요컨대 도시 공간 전반이 내치의 대상 범위가 된다.

(4) 넷째 대상은 순환이다. 무엇의 순환인가? 거의 모든 것의 순환이다. 우선 생산물과 사람들이 오갈 수 있도록 도로, 하천, 운하 등을 건설하고 관리해야 한다. 내치가 담당하는 부분은 이런 물질적인 부분만이 아니다. 상품과 원료의 국외로의 순환, 어떤 지역에서는 유랑을 억제하는 것, 숙련 노동자들이 왕국을 떠나지 못하도록 막는 것 등 순환의 영역 전체가 내치의 대상이다.

요약하자면 내치가 담당하는 것은 인간의 생존과 생활 전반이다. 또한 각자 직업을 갖고 노동을 하며 연결된 공간에서 건강을 유지하고 순환하는 인간의 삶 전반이다. 내치가 담당하는 것은 결국 사회, 인간들의 공존과 상호소통이다.

요컨대 내치는 인구의 삶과 복지를 확보하는 관리술이다. 내치가 관여하는 인간의 삶은 생존의 수준을 넘는다. 개인의 활동이 생존을 위한 것 이상이 되어 국가가 그것으로부터 힘을 얻어낼 수 있을 수준이 되는 것이 중요하다. "개인들의 생명 이상의 것인 이 복락은 말하자면 추출되어 국가의 유용성으로 구성되어야 한다. 그것은 인간들의 복락을 국가의 유용성으로 만드는 것, 인간들의 행복을 국력 자체로 만드는 것"334;446이다. 내치는 생존 이상, 보다 나은 삶에 대한 문제의식과 함께 제기된 것이다.

13강

내치에 대한 비판과 통치성의 변형

1978년 4월 5일

13강은 『안전, 영토, 인구』의 마지막 장이다. 13강의 앞부분에서 내치에 대한 설명은 마무리된다. 뒤이어 나오는 것은 중농주의에 의한 내치체계 비판에 관한 것이다. 국가이성과 내치가 비판에 직면하는 과정은 곧 새로운 통치성, 현대적 통치성이 등장하는 과정이다. 마지막 강의에서 간단하게 제시되는 통치성의 수정은 이듬해 강의의 도입으로 연결된다.

내치의 주요 요소 ─도시, 통상, 통제화와 규율

내치를 실현하기 위한 행정적 명령들은 모두 도시에 관한 것이다. 도로, 광장, 건축물, 시장, 통상, 수공업, 공예 등의 정적인 대상들뿐만 아니라 상품의 제작, 교환, 판매 등의 순환이라는 대상 또한 인간들의 공존과 이동이라는 대상. 이 모든 것은 결국 "도시적인 대상"이다. 시장, 주거지, 광장 그리고 그것들을 잇는 도로 등으로 이루어진 도시는 17~18세기에 영토의 새로운 모델이 되었다. 내치는 인간들의 집합과 순환을 가능하게 하는 통치의 방식이었다. 중세 이래 도시는 발전해 왔고 17~18세기의 내치는 그때까지 발전해 온 도시의 통제를 확장하는 것이었다. "'내치화하다'와 '도시화하다'는 같은 것이다"[344;455].

한편 중상주의는 유럽 국가들이 통상을 통해 국력을 증대하기 위한 방안 일반이다. 중상주의에 있어서 통상에서 우위를 점하는 것은 중요하다. 통상에서 우위를 점해야 금을 유입하고 왕의 수입을 확보할 수 있기 때문이다. 이와 동시에 유럽의 평형을 지키는 것도 중요하다. 12강에서 보았다시피, 다른 국가와 힘의 균형을 유지하면서도 국력을 최대화하기 위해, 내치가 적절하게 행해져야 한다.

내치와 통상의 관계에서 핵심적인 면에 대해서 푸코는 이와 같이 말한다. "시장도시가 인간의 삶에 대한 국가 개입의 모델이 되었다. 내 생각에는 이것이야말로 17세기의 근본적 사실, 혹은 17세기 내치의 탄생을 특징짓는 근본적 사실이다"346;457. 시장도시가 역사상 처음으로 17세기에 출현했다는 것이 아니다. 시장도시를 모델로 하여 인간의 삶, 그저 생명을 유지할 따름이 아니라 보다 유복한 삶을 위한 국가 통치의 개입이 시작되었음이 중요하다. 인간 행위가 상품의 세계와 통합이 되면서 공존과 순환을 다루는 통치의 기술이 요청되고 발휘되었다. 국가의 통치성은 인간의 존재와 안녕을 도시 및 순환의 문제와 연결시켰다. 요컨대 통상은 국력 증강을 목표로 하는 내치에 있어 특별히 중요한 문제이다.

도시, 통상과 더불어 내치의 또 다른 요소는 통제화 또는 규율이다. 푸코는 『감시와 처벌』에서 16세기 말부터 18세기에 걸쳐, 감옥, 공장, 학교, 군대에서 규율의 방식들이 고안되고 확산됨을 세밀하게 보고했었다. 규율화는 사법적 실천과 근본적으로 다르지는 않지만, 사법체계보다 훨씬 더 "국지적이고 지엽적"[348;461]으로 일상에 스며든다. 내치는 왕국을 일종의 도시로, 도시를 일종의 수도원 같은 것으로 가정하고, 통제화와 규율은 이러한 가정을 실현하는 결과를 낳았다.

요컨대 "통상, 도시, 통제화, 규율. 이것들이 바로 17~18세기 전반에 걸쳐 이해되고 있던 내치의 실천들 중에서 가장 특징적인 요소"[348;461]이다.

중농주의의 대두와 내치 비판

그런데 푸코에 따르면 17세기 초에 야심차게 출현한 내치국가는 18세기 전반에 비판을 받고 해체되기 시작한다. 비판은 곡물과 관련한 중농주의적 문제제기 및 해결방식과 함께 제기되었다. 중농주의의 정책은 중상주의의 정책과 대립한다. 중상주의는 무엇보다도 곡물이 많으면 많을수록 좋다는 입장을 견지한다. 즉 곡물이 많으면, 임금이 낮아지고, 그러면 상품의 원가가 낮아져서, 상품을 수출하기 수월해지고, 그 결과 되도록 많은 금을 국내로 유입할 수 있다는 입장인 것이다.

이와는 달리 중농주의는 정치의 영역에 농업을 그 자체로 도입한다. 중농주의의 대두와 함께 농업의 이익, 농업에 투자되는 자본, 농민의 안락, 농민으로 구성되는 인구 등이 정치영역에서 중요한 대상이 된 것이다. 도시는 더 이상 특권적이지 않다. 대지와 대지에서의 생산 및 생산물의 가치가 농민에게 돌아가는 방식이 관건이 된다. 도시가 아니라 대지, 순환이 아니라 생산, 가치의 교환이 아니라 반환. 중농주의의 대두와 함께 이러한 것들이 통치성의 본질적 대상이 된다. 이로 인해 17~18세기의 내치체계에 균열이 생겼다.

중농주의적 내치비판에 대해 이렇게 생각해 볼 수도 있다. 중상주의적 관점에서 곡물의 가격은 낮을수록 좋기 때문에 곡물가격은 되도록 낮은 수준으로 통제될 필요가 있다. 내치체계는 통제화를 주요 도구로 썼다. 그런데 중농주의자들은 곡물가격에 대한 통제를 비판한다. 곡물가격을 통제하지 않고 그대로 두어 가격이 올라가면 농민들은 이익을 기대하여 파종을 많이 하게 될 것이고, 파종을 많이 하면 그

만큼 수확량도 늘 것이다. 수확량이 늘면, 식량 부족을 대비
하여 곡물을 비축하기보다는 상품화를 하는 것이 유리하다
고 농민들은 판단할 것이다. 가격이 높아지더라도 결국 안
정될 것이다. 중농주의자들(여기에서 푸코는 경제학자라는 표현
을 쓴다)은 사물의 흐름을 통제하려는 시도가 무용하다고 주
장한다. 사건은 그 자체의 흐름에 따라 조절될 것이다. 중농
주의자들은 "내치의 권위를 통해 행사되는 통제화를 조절로
대체"352;466하는 방안을 제기한 것이다.

인구의 문제에 있어서도 내치-중상주의와 통치성-중농
주의의 입장은 상반된다. 내치체계에서 인구는 수적으로 고
려된다. 노동을 하는 인구가 많으면 많을수록 좋은 것이다.
노동력이 풍부해야, 임금 상승을 막고, 상품 원가를 낮출 수
있다. 중농주의적 관점에서 인구는 많을수록 좋은 것이 아
니다. 적절한 인구수는 상대적이다. 노동뿐만 아니라 자원
과 소비까지 고려한 '경제' 차원에서 너무 적지도 많지도 않
은 인구수가 유지되는 것이 중요하다. 적절한 인구수는 경
제에 따라 변화한다. 인구수를 통제하려는 노력 역시 무용
하다. 인구수는 다른 경제적 요소들과의 관련에 의해서 저

절로 조절된다.

통상에 대한 내치-중상주의의 입장, 즉 되도록 많은 수출을 통해 국내의 금 보유량을 늘리는 입장 역시 비판된다. 중농주의자는 경쟁이 일어나도록 방치하면 된다고 주장한다. 한 나라에서 곡물의 가격폭등이 일어난다면, 다른 나라가 초과 이윤을 노리고 수출을 늘릴 것이다. 그렇게 되면, 그 나라의 곡물가격이 뒤이어 상승하게 될 것이며, 또한 타국으로부터 유입되는 곡물량이 늘어나, 가격은 결국 안정될 것이다. 이처럼 중농주의자의 통상은 한 나라의 조절메커니즘과 외국의 조절메커니즘이 통합하는 것이다.

경쟁관계가 유지되는 것은 개인들에게도 마찬가지이다. 자신의 이익을 극대화하려는 개인들의 활동에 의해 인구 전체와 국가의 이익이 증대된다. 내치라는 권위적 개입이 아니라 통치가 경쟁의 메커니즘을 방임하게 되면 전체의 부가 확대되는 것이다. 국가가 초월적이고 종합적인 원칙으로서 개인의 행복을 만인의 행복으로 바꾸기 위해 통제하고 개입하는 시대는 끝났다. 이제 개인이 자신의 행복과 부를 추구하도록 두는 것이 만인에게도 유익하게 될 것이다. 국가는 개인의 활동에 권위적으로 개입할 필요가 없다. 푸코는 이것이 18세기부터 20세기에 이르기까지 국가의 기능이라고 주장한다.

정치가의 통치성과 경제학자의 통치성

요컨대 통치성의 역사는 이렇다. 17세기 정치가라고 불리는 일군의 이단적 무리가 생겼다. 이들은 거대한 우주론과 신학의 배경을 등지고, 통치성에 내재한 이성, 통치술 특유의 합리적 원칙인 계산형식을 확정하기 위한 지평을 찾으려 했다. 18세기 무렵 경제학자들이 등장해서 정치가들의 국가이성, 국가관, 내치국가를 비판하고 나섰다. 그러므로 통치성의 역사를 다음과 같이 요약할 수 있을 것이다. 17세기-중상주의-정치학-내치국가라는 초기 통치성. 18세기 이후-중농주의-경제학-현대적 통치성.

통치성의 변형

통치성의 출발점인 국가이성, 달리 표현하자면 국가의 합리성이라는 사유의 틀이 없어진 것은 아니다. 그것은 고안된 때로부터 수정이 가해지면서 지속된다. 그 중 본질적인 수정은 다음과 같은 것이다.

(1) 자연성과 인공성. 중세와 르네상스의 전통에서 왕국은 신의 질서에 합치되는 것이었다. 정치가들의 사유는 이러한 전통과 단절한다. 내치의 통치성은 인공주의의 틀을 갖는다. 그런데 경제학자들에 의해 자연성의 관념이 다시 도입된다. "이 자연성은 정치, 국가이성, 내치의 인공성과 정확히 대립한다. 그 양식은 완전히 특유하고 개별적이다"[357;473]. 이 자연성은 인간이 무리 짓고 관계 맺으며 사는 과정 자체에 존재하는 사회만의 특수한 자연성이다. 푸코는 여기에서 통치가 담당하려는 영역으로 "시민사회"가 새롭게 탄생했다고 주장한다. 국가가 관여해야 하는 것, 국가가 자연적 조절을 하려고 관심을 기울여야 할 것. 그것이 시민사회이다. "시민사회란 통치사상, 즉 18세기에 탄생한 새로운 형태

의 통치성이 국가에 필요한 상관물로서 출현시킨 것이다"
357;474.

(2) 과학적 합리성. 중상주의자들에게 있어 과학적 합리성
은 전혀 주장되지 않았다. 18세기에서야 통치의 영역에 과
학적 합리성이 적용되어야 한다는 주장이 제기되었다. 또한
통치에는 과학적 인식이 필수적이라는 주장이 제기되었다.
과학성이 스스로에게 제기한 이론적 순수성의 요구는 결국
경제학으로 확립되었다.

(3) 인구. 인구에도 자연성이 있고 인구의 증감은 자연적
과정에 따른다는 생각이 내치체계의 가정과는 사뭇 다른 것
임은 앞서 보았다. 한편 인구의 자연성이 개인의 상호관계
를 작동하여, 개인 간의 '연결 고리'가 생겨난다는 인식이 발
아했다. "인구를 특징짓게 되는 것은 이익의 역학법칙이다"
359;476. 인구를 통제하기 위해 국가가 개입하는 것은 무용하
다. 국가는 인구를 그 자연성 내에서 담당해야 한다.

(4) 국가의 역할. 국가의 통치는 자연적 절차를 존중하는
방식으로 행해져야 한다. 개입을 하더라도 명령이나 통제
하는 것이 아니라, 조작하거나 조절하거나 또는 경우에 따

라 방치하는 방식으로 개입해야 한다. 다시 말해 통치의 목
표는 사태를 막는 것이 아니라 자연적 조절이 이루어지도
록 조절하는 것이다. 자연적 과정의 안전한 유지가 통치의
목적이 된다. "안전메커니즘, 즉 소위 경제적 절차나 인구에
내재하는 과정인 자연적 현상의 안전을 확보하는 것을 본질
적 기능으로 하는 국가의 개입, 이것이 바로 통치성의 근본
적 목표가 되어 간다"360~361;478.

(5) 자유. 자유는 주권자의 권력 남용에 대립하는 개인의
권리 이상이다. 자유는 통치성의 한 요소가 된다. 사회와 인
구의 자연성을 존중하여 안전하게 발휘되게 하는 것이 국
가의 역할이라고 한다면, 자유를 실현하는 형식은 통치성의
요소로서 통치 영역의 내부에 통합되어야 한다.

현대적 통치성의 요소

내치의 기획은 한편으로 국력을 증강시키면서 다른 한편
으로는 혼란, 불법행위, 비행 등을 억제하는 것이었다. 다
시 말해 한편으로는 경제와 인구관리에 속하는 메커니즘이

있었고 다른 한편으로는 통제화 및 규율의 메커니즘이 있
었다.

내치의 기획이 해체되면서 네 가지 요소를 남겼다. 경제
적 실천, 인구 관리, 자유에 관한 법과 자유의 존중, 그리고
경찰이 그것이다. 앞의 세 요소는 앞서 설명이 되었다. 경찰
제도는 내치의 유산을 이어받아 무질서의 소거, 혼란 방지
라는 축소된 기능을 담당한다. 경찰이 담당하는 내치의 잔
재는 주변화되고 순전히 부정적인 의미를 갖게 된다. 푸코
는 보다 일반화하여 다음과 같이 말한다. "사회, 경제, 인구,
안전, 자유. 이는 내 생각에는 우리가 알고 있는 새로운 통
치성의 요소이며, 또한 현대적으로 수정된 채 형식이 유지
되고 있다"362;480.

통치성에 대한 대항품행

8강에서 푸코는 사목기술이 행해진 시기의 대항품행을
이야기했었다. 사목은 사람들을 인도하는 기술이며, 그러
한 인도에 대항하는 운동들이 있었다. 그런데 사목과 그 대

항품행이 서로 대립적이라기보다는 상호적인 관계, 즉 서로를 전제하면서 몇몇 요소들을 주고받는 식으로 지지하거나 강화하는 관계에 있었다는 것이 푸코의 통찰이었다. 푸코는 이 마지막 강의에서 근대적 통치성 체계에도 유사한 분석을 할 수 있는 대항품행이 있다고 주장한다.

(1) 통치성은 국가의 무제한적 통치성을 전제로 한다. 이 전제에 대한 대항품행은 일종의 종말론이다. 즉 역사적이고 정치적인 시간이 끝나고, 국가의 통치성이 정지되는 시간이 올 가능성에 대한 제기이다. 무엇에 의해 국가의 통치성은 정지되는가? "시민사회가 국가의 제약과 후견을 뛰어넘을 수 있게 될 때, 국가권력이 마침내 시민사회 속으로 흡수될 때, 역사의 시간이라고까지 말하지 않더라도 정치의 시간, 국가의 시간은 끝나게 된다"[6]363;481.

(2) 대항품행의 두 번째 형식은 국가이성에 대한 전면적인 복종에 도전하는 것이다. 즉 국가에 대한 인구의 모든 복종의 연결고리를 끊고, 국가에 대항할 권리를 추구하는 것이다. 이러한 대항품행은 반란, 모반의 형식을 취한다. 소위 68혁명은 이러한 대항품행의 사례라 할 수 있겠다.

⑶ 국가이성은 국가나 국민이 무엇이며, 무엇을 원하며, 무엇을 해야 하는지에 대해 알아야 한다는 관념을 함축한다. 이와 관련하여 이러한 앎을 국가 자체가 아니라 국민전체가 보유해야 한다는 주장을 함축하는 다양한 형태의 대항품행이 있다.

통치이성에 대립하는 대항품행의 형식들은 모두 국가의 전체성에 대립한다. 그러나 역설적으로 시민사회, 인구, 국민이 모두 근대 국가가 발생할 때부터 국가의 내부에 있었던 요소들이다. 따라서 대항품행과 통치이성은 대립하면서도 서로 분리될 수 없는 관계이다.

'읽기'를 마치며

이제 1977~1978년 푸코의 강의는 모두 끝났다. 우리의 '읽기'도 마무리할 때가 되었다. 지금까지의 푸코의 강의를 요약하고, 이 강의가 남긴 것들을 생각해 보면서 마무리하자.

될 수 있는 한 단순화하자면, 『안전, 영토, 인구』의 1~3강은 안전장치, 5~8강은 사목권력, 9~13강은 국가이성, 14~15강은 내치가 이야기되었다. 안전장치에 대한 분석이 이루어진 1~3강부터 보다 자세히 보자면, 1강은 도시 공간, 2강은 식량난이라는 사건, 3강은 전염병을 사례로 하여 정상화를 위한 장치를 분석했다. 푸코는 도시의 문제, 식량난, 전염병에 대처하는 3가지 역사적인 방식을 사법장치, 규율장치, 안전장치로 구분하여 각각의 차이를 드러냈다. 사법장치는 '~는 행하지 말라'는 식으로, 즉 금지를 통해 발휘되는 반면, 규율장치는 '~한 때, ~한 곳에서, ~을, ~하게 행하라'는 식으로 구체적이고 세밀한 규율 명령으로서 발휘된다. 한편 안전장치는 기본적으로 행위를 금지하거나 명령하기보다는 사건을 자연성 내지는 고유한 본성을 갖는 것으로 가정하고, 그 요소를 조절하는 방식으로 작동한다.

3강의 뒷부분에서 푸코는 인구에 대한 이야기를 꺼낸다. 그는 사법장치와 규율장치로부터 안전장치로의 변화에 있어서 가장 주목할 만한 점은 인구의 등장이라고 말한다. 규율장치는 개인의 신체를 대상으로 삼는 미시권력이다. 한편 안전장치가 작동하면서 동시에 그 대상으로서 하나의 생물종, 일종의 집합체로서의 인간, 즉 인구가 그 대상으로서 출현한다. 인구는 태어나고, 먹고, 병들기도 하고, 죽는 생물종으로서 인간이자 '욕구'를 동력으로 유동하는 인간의 집합체라고 정의할 수 있다. 푸코는 통치 대상으로서의 인구가 18세기에 출현했다고 말한다.

『안전, 영토, 인구』는 인구에 대한 논의가 시작되면서, 주제가 바뀌게 된다. 결국 4강에서 푸코는 1977~1978년 강의의 주제는 통치성의 역사로 바뀌게 되었다는 것을 당혹스럽게 털어놓았다. 4강 후반부와 5강 전반부는 통치성의 역사를 분석한다는 것이 무엇을 의미하는지가 이야기되었다. 이 부분은 『안전, 영토, 인구』와 통치성을 이해하는 데 매우 중요한 부분이다. 푸코는 1강의 도입부에서 한 해 강의의 주제를 생명관리권력이라고 말했었다. 1977~1978년의 『안전, 영토, 인구』에 뒤이은, 1978~1979년의 강의 제목은 『생명관리정치의 탄생』이다. 그러나 『안전, 영토, 인구』에서도, 『생명관리정치의 탄생』에서도 생명관리권력에 대한 논의는 진행되지 않는다. 통치성과 생명관리권력은 대체 어떤 관계에 있으며, 무엇인가?

4강에서 푸코는 통치성을 다음과 같이 세 가지 의미로 정의했다. 통치성은 첫째, 인구를 주요 목표로 설정하고, 정치경제학을 주된 지식의 형태로 삼으며, 안전장치를 주된 기술적 도구로 이용하는 지극히 복잡하지만 아주 특수한 형태의 권력을 행사케 해주는 제도·절차·분석·고찰·계측·전술의 총체이다. 둘째, 통치라고 불릴 수 있는 권력 유형이

다른 권력 유형보다 우위가 되도록 유도해간 경향을 통치성이라고 부른다. 셋째, 중세의 사법국가가 15~16세기의 행정국가로 변하고 다음으로 '통치화'가 이룩되는 절차와 그 결과가 통치성의 마지막 의미이다. 『생명관리정치의 탄생』에서는 주로 첫째와 둘째 의미의 통치성이 분석되고, 『안전, 영토, 인구』의 남은 부분은 둘째와 셋째 의미의 통치성 분석에 주로 할애된다.

푸코가 통치성을 연구하는 목적은 무엇인가? 국가 밖에서 국가를 파악하기 위해서이다. 푸코는 『감시와 처벌』에서 감옥, 군대, 병원, 학교 등을 다루었다. 그가 감옥을 연구할 때, 그는 감옥을 내부에서 접근한 것이 아니라 외부에서 접근했다. 즉 감옥의 기능을 연구한 것이 아니라 감옥을 "권력의 일반경제"[124;174]에 배치해 파악하려고 했다. 푸코는 이와 같은 방식으로 국가를 연구하고자 한 것이다. 즉 국가를 권력의 일반경제에 놓고자 했고 이때, 권력의 일반경제는 통치성을 일컫는다. 요컨대 통치성을 연구하는 것은 국가를 실체나 실재 같은 것으로 상정하지 않고 국가를 권력의 효과로서의 역사적인 사건으로 파악하기 위해 관점을 전환하는 것이다. 다른 식으로 말하자면 국가를 주어의 자리에 놓고, '국가는 ~이다'라고 파악하는 것이 아니라, 어떤 지식과 의지의 예정되지 않은 이합집산의 효과에 의해 국가가 만들어지고 변조하는지를 파악하는 것이다. 이것이 푸코 특유의 방법론, 계보학이다.

더 큰 범위에서 통치성은 생명관리권력 하에 놓인다. 생명관리권력은 인간의 생명에 행사되는 권력이다. 생명관리권력은 미시적인 차원과 거시적인 차원을 갖는다. 미시적인 차원은 규율권력이고, 거시적인 차원은 생명관리정치를 의미한다.[7] 푸코는 『감시와 처벌』과 『앎의 의지』에서 권력이 관계를 통해 행사되는 것으로 파악했었다. 권력에 대한 이러한 정의가 폐기된 것은 아니다. 단지 푸코는 『안전, 영토, 인구』와 『생명관리정치의 탄생』에서 국가가 어떻게 권력 효과를 발생시키는지를 연구하는 것으로 영역을 옮겼을 뿐이다. 이러한 영역의 이동은 "사회를 보호해야 한다"에서 이미 시작되었다. "사회를 보호해야 한다"의 후반부에서 푸코는 개인이 아니라 인구라는 집단의 관리는 국가적인 장치의 수준에서만 가능한 것으로 파악한다. 생명관리권력은 "국가에 의한 생명의 조절"[8]로서만 구상될 수 있고 국가는 통치성이라는 일반경제에 놓인 채 분석된다.

여기에서 통치와 통치성을 구분해 정리해 보는 것이 좋겠다. 통치성은 위에서 말했듯이 세 가지 의미를 갖는다. 그 중 첫 번째 의미, 인구+정치경제학+안전장치의 특수한 권력 행사의 총체는 『안전, 영토, 인구』에서 본격적으로 이야기되지 않는다. 『안전, 영토, 인구』에서 안전장치가 3강에 걸쳐 이야기되고, 인구 개념이 제시되고, 정치경제학의 등장에 대한 소묘가 있긴 하지만, 본 강의에서는 소개가 되는 수준이다. 둘째 의미인 통치가 우세해지는 경향, 셋째 의미인 17세기 이후 국가의 변모가 『안전, 영토, 인구』의 5강 이후에 주로 이야기된다.

한편 푸코는 통치라는 단어를 '인간의 품행을 인도함'이라는 의미로 소개하는데, 이러한 의미에서 서구에서의 통치의 기원은 사목이다. 사목은 히브리의 전통에서 유래하지만 서구 그리스도교에 의해 특유성을 갖게 된다. 즉 사목은 목자가 양떼와 하나하나의 양에 대해 알고 관리하는 기술, 즉 통치기술의 기원이다. 동시에 사목은 개인을 예속의 네트워크에 종속시키면서 동시에 어떠어떠한 사람으로 존재하게끔 하는 서구의 전형적인 주체화의 모델이다.

여기서 생각해 볼 것은 이러한 품행을 인도한다는 의미에서의 통치가 위의 세 가지 의미의 통치성과 어떤 상관이 있느냐는 점이다. 사목에 대한 설명 이후 푸코는 16세기 말~17세기 초의 국가이성과 내치에 대해 논의한다. 영혼, 품행, 물질적이고 세속적인 삶을 인도하던 사목이 정치의 등장과 함께 영혼의 지도로 축소되면서 국가이성이 등장했다. 이런 변화에도 여전히 '품행을 일정한 방향으로 유도하는 것'은 관건이었다. 16세기 말, 품행은 통치와 연결된다. 통치의 범위는 확대되고, 그 방식은 더 세밀하게 발전했으며, 결정적으로 막 열린 정치적 영역으로 들어갔다. 이러한 역사를 서술하는 것은 둘째와 셋째 의미에서의 통치성에 대한 연구이다.

또한 사목이 낳은 서구에서의 주체화의 전형 역시 통치성과 함께 사유될 수 있다. 품행을 특정한 방향으로 인도한다는 의미에서의 통치는 개인이나 집합으로서의 타인에게 행해질 수도 있고, 자신에게 행하는 것일 수도 있다. "정치적 주권권력의 행사"9로서 타인에게 행해지는 통치는 『안전, 영토, 인구』 및 『생명관리정치의 탄생』에서 연구되고, 자신에게 행하는 통치는 1980년대에 진행된 강의인 『주체의 해석학』, 『자기와 타인에 대한 통치』, 『진실의 용기』 그리고 저서 『성의 역사 2 ―쾌락의 활용』, 『성의 역사 3 ―자기에의 배려』 등에서 연구된다. 우리는 통치성의 의미에 한 가지를 덧붙일 수 있다. 즉 "주체화의 원리, 혹은 푸코적인 의미에서의 윤리, 개인이 자신을 권력에 예속된 주체이면서 동시에 자신의 행위를 반성하고 변형하는 능동적이고 자유로운 주체로서 살아가도록 이끄는 힘"10으로서의 통치성. 후기의 푸코가 정치적인 영역으로부터 윤리적인 영역으로 옮겨갔다 또는 후퇴했다고 말할 수도 있겠지만, 푸코는 통치성이라는 개념을 통해 정치적 영역과 윤리적 영역이 분리되지 않는 실천의 차원을 제시한 것이다.

푸코가 『안전, 영토, 인구』의 5강 이후에 하는 것은 '통치의 역사'를 분석하는 것이다. 이는 '통치성의 역사'를 분석하는 것과 같다. 사목의 시대가 저물고 국가이성이 대두됨은 통치기술의 변화이면서 통치가 확대된다는 의미에서(통치성의 셋째 의미), 통치성의 역사이기 때문이다.

역사적 분기점은 16세기 말~17세기 초에 위치한다. 이 시기 사목이 영혼을 인도하는 데 전념하면서 품행을 인도하고 통치하기 위한 새로운 영역, 즉 정치적 영역이 형성되었다. 종교전쟁으로 쪼개진 왕조와 공국들은 국가로 다시 나뉘고 모였다. 국가, 군주, 국부를 유지하기 위한 문제제기와 해답들이 필요했다. 국가이성은 이러한 문제를 사유하기 위한 원칙으로 제시된다. 국가이성으로 인해 국가는 신의 섭리 같은 그것 외의 다른 상위의 것에 의존하지 않고 그 힘이 미칠 대상을 규정하고 그 힘을 어떤 식으로 어느 정도로 발휘할지를 정할 수 있게 되었다. 국가이성의 목표는 국가를 유지하고 증강하는 것이다.

푸코는 국가이성의 목적을 달성하기 위한 장치가 두 가지 있다고 제시한다. 안전장치와 내치가 그것이다. 안전장치는 1~3장에서 사법장치 및 규율장치와의 비교를 통해 이야기 되었고, 14~15장에서 내치에 대한 설명이 이어졌다. 내치는 한마디로 말해서 인구의 삶과 복지를 확보하는 관리술이다. 인구의 수와 분포, 인간이 생존과 복지를 누리기 위한 곡물과 생필품의 확보와 순환, 보건, 인간의 생활과 관련된 모든 것의 순환 등 인구의 삶과 복지에 관련된 모든 것을 담당하고 규제하는 기술이 내치이다.

서유럽의 절대주의 국가의 형성과 함께 나타나고 발전한 국가이성과 내치체계는 18세기에 비판의 대상이 되기에 이른다. 푸코는 이를 중상주의에 대한 중농주의의 비판으로 풀어 이야기했다. 15강에서 이야기된 중농주의의 정책이 함축하는 것은 인구의 재정의, 내치체계의 안전장치로의 대체 그리고 정치학의 경제학으로의 대체 같은 것이었다. 첫째 의미의 통치성이 출현한 것이다. 그러나 『안전, 영토, 인구』는 여기에서 끝난다. 이런 점에서 『안전, 영토, 인구』는 통치성의 전사前史라고도 할 수 있다.

새로운 통치성 또는 현대적 통치성은 다음 강의인 『생명관리정치의 탄생』의 주제가 될 것이다. 근대적 통치성을 국가이성의 통치성이라고 부른다면 현대적 통치성은 자유주의의 통치성이라고 부를 수 있을 것이다. 통치성의 현대적 수정 또는 국가이성의 통치성이 자유주의의 통치성으로 변모 내지는 대체는 시장의 기능이 변화하는 역사와 관련된다. 중세부터 17세기까지 시장은 공정가격을 확보하는 규칙이 적용되고 분배적 정의가 발휘되는 공정한 장으로 가정되었다. 그러나 18세기 중엽에 이르러 시장은 자연적 본성에 따르는 공간으로 파악된다. 본 강의에서도 확인했던 중농주의적 정책이 이를 확인시켜 준다. 시장은 수요와 공급의 관계에 따르고 정상적인 가격이 정해지는 장이다. 이제 시장이 본성에 따라 자연스럽게 돌아가는 것이 통치가 담당해야 하는 문제이다.

푸코는 『생명관리정치의 탄생』에서 18~19세기 초의 고전적 자유주의, 19세기의 신고전적 자유주의(또는 질서자유주의) 그리고 20세기의 신자유주의라는 세 가지 유형의 자유주의를 연구한다. 푸코는 자유주의를 경제적 차원에서도 다루지만 나아가 통치기술과 관련짓는다. 고전적 자유주의에서 시장은 자유로운 교환의 장소이고, 시장에서 적정하고 자연직인 가격이 형성된다. 따라서 정부는 시장에 원칙적으로 개입할 필요가 없다. 정부가 개입하는 경우는 개인이 만인에 대립하여 이해관계를 만들 때뿐이다. 자유주의는 시장을 통치의 공간이자 모델로 설정한다. 교환의 장소로서의 시장과 개입하지 않음을 원칙으로 하는 통치 기술은 곧 한계와 문제를 드러내고 재설정된다. 질서자유주의와 신자유주의에게 있어 시장은 공통적으로 경쟁하는 장소로 여겨진다. 그러나 통치성은 다르다. 질서자유주의의 통치는 시장 내의 경쟁을 구축하기 위해 개입한다. 완전고용, 소득재분배, 복지국가 등을 추구했던 케인스주의는 질서자유주의를 대표한다. 반면 신자유주의의 통치는 시장 내의 경쟁 원리를 작동시키기 위해 개입한다. 노동의 유용성, 복지의 축소, 민영화 등은 사회의 전 영역에 경쟁 원리를 작동시키려는 정책이다.

푸코는 "자유주의라 불리는 이 통치체계가 무엇인지를 알게 될 때, 생명관리정치가 무엇인지를 파악할 수 있다"[11]고 말한다. 18세기 이후 인구로 규정되는 생명체 일반의 통치가 생명관리정치이다. 따라서 생명관리정치의 분석은 통치성에 대한 계보학적 분석을 통해 접근할 수 있는 것이었다. 특히 현대의 통치성은 자유주의의 통치성이기 때문에 푸코는 『생명관리정치의 탄생』에서 자유주의를 분석했다.

자유주의는 개인에게 자유를 보장할 뿐만 아니라 허용하

고 규제한다. 자유는 통치원리에 입각하여 적절하게 발휘되어야만 한다. '자유로운' 개인과 만인의 이해관계가 '안전하게' 양립하게끔 개입하는 것이 자유주의적 통치의 역설적인 원칙이다. 그러나 통치성은 언제나 안정적이지 않다. 통치가 품행이나 행위의 인도라는 의미를 띨 때, 사목에 대한 대항품행과 같은 것은 언제나 통치의 주변에 남아 있기 마련이다. 푸코가 자기의 테크놀로지, 주체화, 실존의 윤리 등의 용어를 쓰면서 연구했던 부분은 바로 이 통치의 주변이자 틈새라고 할 수 있다. "초기 자유주의의 경우와 마찬가지로, 신자유주의는 나름의 방식으로 피통치자들의 자기-인도를 자신의 통치 실천에 통합하려 하며, 이에 상응하여 적합한 유형의 자기의 기술들을 조성하고자 한다. 마찬가지로, 이런 통치 합리성을 정당화하는 결과들이 실제로 달성된다는 확신 없이, 개인들은 통치와 자신 간의 이런 새로운 관계에 따라 자기와 맺는 관계를 변화시킬 수 있다. 자유주의, 특히나 그것의 현대적 판본들은 개인들이 자신의 삶의 주인 자격을 맡도록 요구하는 방법들, 개인들이 자신을 특정한 종류의 주체로 만들어가는 방법들, 개인들이 자신의 자유를 실행하는 방법들에 점점 더 의존하는 통치와 피통치자 간의 관계를 구성한다."¹² 오늘날 타인의 통치와 자기의 통치, 정치와 윤리는 근접하고 있다. 이러한 인식에 따라 푸코는 1980년대에 들어서는 스스로를 통치하는 양식을 연구하는 데 몰두한다.

여기에서 자기 통치에 대한 푸코의 연구를 소개하는 것은 무리일 것이다. 단지 한 가지만 강조하는 것으로 '읽기'를 마치고자 한다. 통치가 허용하지 않는 것은 무엇인가? 그 밖을 상상하고, 허용되는 것과 되지 않는 것의 경계를 탐험하고, 실험하는 것. 그것이 예속화를 벗어나는 방법이자 스스로 주체를 형성하는 하나의 방법이다.

주석

1) Michel Foucault, *"Il faut défendre la société,"* Paris, Gallimard/ Seuil, 1997, p.216.

2) Foucault, *Sécurité, territoire, population*, Paris, Gallimard/Seuil, 2004, p.12~13. 심세광, 전혜리, 조성은 옮김, 『안전, 영토, 인구』, 서울, 난장, 2011, p.30 (이후 본문 내 괄호 속에 불어판 쪽수; 한국어판 쪽수로 표기).

3) Michel Foucault, *"Il faut défendre la société,"* p.216.

4) Michel Foucault, "Les mailles du pouvoir"(1982), *Dits et Écrits*, tome 4: 1980~1988, éd. Daniel Defert et François Ewald avec collab. Jacques Lagrange, Paris: Gallimard, 1994, p.194.

5) Michel Foucault, *La valontéde savoir(histoire de la sexualité 1)*, Paris, Gallimard, 1976, p.125.

6) 푸코는 『생명관리정치의 탄생』에서 퍼거슨(Adam Ferguson)의 텍스트를 통해 시민사회가 어떤 것으로 여겨지는지를 논의한다. 단순하게 말해, 시민사회는 자연발생적인 인간의 모둠살이 같은 것으로 여겨진다. 인간의 역사는 사회와 더불어 시직히고 존속하다. 반면 국가는 시민사회 내에 도입된 어떤 것 또는 시민사회 위에 임의적으로 얹혀 있는 것이다. 참조. Michel Foucault, *Naissance de la biopolitique; Cours au Collège de France, 1978-1979*, 심세광, 전혜리, 조성은 옮김, 『생명관리정치의 탄생』, 서울, 난장, 2012, p.404~430.

7) 심세광, 전혜리, 조성은, 「옮긴이 해제」, Michel Foucault, 『생명관

리정치의 탄생』, p.453.

8) Michel Foucault, *"Il faut défendre la société,"* p.223.

9) Michel Foucault, 『생명관리정치의 탄생』, p.21.

10) 서동진, 「신자유주의 분석가로서의 푸코: 미셸 푸코의 통치성 과 반정치적 정치의 회로」, 『문화과학』 통권 제57호, 문화과학사, 2009, p.322.

11) Michel Foucault, 『생명관리정치의 탄생』, p.50.

12) Graham Burchell, "Liberal government and techniques of the self," *Economy and Society*, Volume 22, Number 3, London, Routledge, 1993, p.279.